古典文獻研究輯刊

四 編

潘美月・杜潔祥 主編

第 1 冊

四編總目

編 輯 部 編

宋代僞撰別集考辨

林 清 科 著

國家圖書館出版品預行編目資料

宋代偽撰別集考辨／林清科著 — 初版 — 台北縣永和市：花木
蘭文化出版社，2007〔民 96〕

序 2+ 目 2+110 面；19×26 公分
（古典文獻研究輯刊 四編；第 1 冊）

ISBN：978-986-6831-23-2（全套精裝）
ISBN：978-986-7128-93-5（精裝）
1. 圖書－考證　2. 偽書書目
011.7　　　　　　　　　　　　　　　96004324

ISBN - 9867128935

9 789867 128935

古典文獻研究輯刊
四 編 第 一 冊　　　　　　ISBN：978-986-7128-93-5

宋代偽撰別集考辨

作　　者　林清科
主　　編　潘美月　杜潔祥
企劃出版　北京大學文化資源研究中心
出　　版　花木蘭文化出版社
發 行 所　花木蘭文化出版社
發 行 人　高小娟
聯絡地址　台北縣永和市中正路五九五號七樓之三
　　　　　電話：02-2923-1455／傳眞：02-2923-1452
電子信箱　sut81518@ms59.hinet.net
初　　版　2007 年 3 月
定　　價　四編 30 冊（精裝）新台幣 46,500 元　　　版權所有・請勿翻印

四編總目

編輯部　編

《古典文獻研究輯刊》四編　書目

《四編》各書作者簡介·提要·目錄

第一冊　宋代僞撰別集考辨

作者簡介

　　林清科，1951 年出生於臺灣彰化。畢業於五年制省立臺北師專（今改制爲國立臺北教育大學）、私立東吳大學中文系、中文研究所碩士班。

　　曾任小學教師多年，熱衷語文教學；曾爲出版社擔任國語科、社會科教科書編輯委員。所著論文以教育思想、課程教學、語文教育等類別爲主，多發表於校內刊物。

提　要

　　本文主旨在考辨宋代僞撰別集之成因與詳情，及考訂前人辨僞之誤說，以備研究宋人別集者之參考取資。所據資料主要有四類：一爲宋人別集，二爲宋人筆記、詩話、雜說，三爲歷代題識類書志書目，四爲近代時賢相關之專著與論文。研究方法，視資料性質之須，參酌使用目錄學與辨僞學之考索方式：於前人辨僞之誤說，則駁其辨僞方法之失；於宋人別集之僞作，則據反證以辨其僞況。經過資料之搜集分類，方法之辨析爬梳，整體之通貫董理，然後綜述成篇，乃且辨且評、夾敘夾議之作也。

　　第一章緒論，敘述僞撰宋集產生之背景，蓋僞集之產生實與書籍產生之歷程相頡頏，則舉凡相關之創作習慣、編輯通例、版刻事業、辨僞風氣皆僞作產生之背景也。

　　第二章敘述僞撰宋集之來歷與僞況，主要析論宋人之作僞原因及作僞方式；而以宋集之僞況極爲普遍，欲分篇細考，則零不成章，欲合集考之，復極瑣碎，故乃有分類及其輯目之設想以範圍之也。

　　第三章考訂前人辨偽之誤說，以免從事辨偽者爲誤說所欺，蓋去偽證眞爲求知求理者之理想，若辨偽者之無知而反成作偽者，其爲害實與後者等也，故爲辨正之。

　　第四章、第五章則詳考宋集中之偽作，又細分爲九節，從事周全之敘述，以明偽撰宋集之詳情；兩章乃多採論證方式而考辨之者，考辨之內涵亦較與常見之辨偽學、目錄學相類，故其結論頗可信據。

　　第六章則規撫前數章所舉實例，略說宋代偽集可能存在之價值及其影響之利弊，當刪當存之所由。如上所述，其或稍有益於目錄學之考索、或稍有增於辨偽學之成效、或稍有助於宋代文化意識之了解；要之，或可爲研究宋人別集者之一助歟？

目　錄

第二冊　阮元輯書刻書考

作者簡介

　　黃慶雄，民國五十九年生，高雄縣人。畢業於東海大學中國文學研究所，研究文獻整理、版本學、圖書館學與閱讀等相關領域。目前擔任高苑科技大學通識教育中心講師。

提　要

　　阮元是清代乾嘉時期重要的學者，學問淵博、通經致用，尤其在乾嘉文物鼎盛之時，主持風會數十年，在文獻整理、圖書輯刻方面的貢獻，無人能出其右。他輯刻《十三經注疏校勘記》，以精審完備著稱。《皇清經解》及《經籍纂詁》兩部經學大書，提供經學研究完整文獻及方便途徑。史志方面，編纂《廣東通志》、《雲南通志稿》，成爲後世纂修方志的典範。金石器物方面，整理刊刻《山左金石志》及《兩浙金石志》，開創金石學研究之風氣。天文曆算方面，輯刻第一部天文曆算學史專著《疇人傳》，積極推展天文曆算。另刊刻《淮海英靈集》、《兩浙輶軒錄》及文哲學人之詩文集，對各地文風的倡導、文獻的保存，貢獻良多。而在浙江成立「詁經精舍」、廣東設立「學海堂」，更爲地方文化教育奠定重要基礎。

　　本文針對阮元的文獻整理事業，特別是圖書編輯刊刻，逐一探求緣起、過程、評價及影響。全文共分七章，第一章爲「阮元傳略」，詳述阮元生平事略；第二至四章爲《經籍纂詁》、《十三經注疏校勘記》、《皇清經解》之輯刻；第五章爲經、史類圖書之輯刻；第六章爲子、集類圖書之輯刻。除全面探討阮元在文獻整理方面的成就外，詳述所刻圖書版式，並於文後附錄書影，以爲後續研究者參考。

目　錄

第三冊　類書淵源與體例形成之研究

作者簡介

　　孫永忠，字恪誠，江蘇省阜寧人。輔仁大學文學博士。目前任教於輔仁大學中文系，教授中國文學史、古典詩詞曲選、書法、書畫藝術欣賞、應用文等課程；另兼輔仁大學「東籬詩社」指導老師。著有《朱希眞及其詞研究》、《類書淵源與體例形成之研究》、《公文寫作》、《實用書牘》、《應用文》。

提　要

　　本文經由歷代書目對類書歸部命名綜合整理著手，引領出以往學界對類書義界不清的現象。隨著歷代書目調整類書歸部的現象，可以了解學者對類書性質與地位雖然多所探索，但囿於四部分類傳統成見，不無牽湊籠統之弊。本文藉書目難承「綱紀群書，條析學術」之職，以凸顯類書義界亟待澄清，範圍亦須嚴格規範，方能深入研究類書淵源與體例的必要性。

　　其次，本文進一步嘗試界定類書定義。書籍體例本常因爲需求與編輯能力提昇而更易，要爲一種因時因勢而新變的書種定義，並非易事。本文歸納前人研究，設定類書義界，確認類書之特質，並在編輯體例與內容上，比較類書與「政書」、「百科全書」等其他相近體例書種之異同。

　　再藉由類書義界，仔細析辨以往諸多類書起源說，如：張舜徽《爾雅》說；汪中《呂氏春秋》說；鈕樹玉《淮南子》說；袁逸《洪範五行傳論》、《新序》、《說苑》說；王應麟《皇覽》說；晁公武《同姓名錄》說等，確定《皇覽》爲類書起源。其後再就「基礎條件」與「需求」爲軸，深入探討《皇覽》之所以產生在三國的主客觀條件，以爲曹魏確實已兼具成熟條件，方能創出類書的新體例，爲千古的類書發展史寫下首頁。當《皇覽》這第一部類書誕生時，也同步成就類書的原始體例，本文以文獻資料推斷從《皇覽》到《藝文類聚》，其中眾多的類書編修體例，基本上都以《皇覽》爲典範，但是在體例上因需求的刺激變化，而有了新變。

　　當類書體例在《皇覽》形成、六朝增進後，隋唐以降出現許新作，促成類書的地位與品質逐漸提升，一定有其背景因素。本文以承先啓後的宋代爲例說明，歸納出以下結論：隋唐以至清末，中國政治型態、社會結構、中心思想等都保持在一個

穩定的程度。各代君王推行文治，通常注重文教，整編圖書，舉行科舉。人們普遍重視圖書資源，尤其在印刷術發達對類書發展有很大助益。有了優渥的基本條件，類書的編撰與發展，仍然得「需求」動力促成。因此，本文以「需求」爲主題，探討隋唐以降，體例有代表性革新之類書。藉由皮亞傑發展心理學理論輔助探析，歸納出類書因需求，而逐步提升與精緻其功能性。藉此可以更進一步了解，《皇覽》所創之類書體例，由初步的形成到總其成的《古今圖書集成》之間，始終保持一種新變的能力，在不同時代呈現其文獻的功能。

目　錄

第四冊　明代的蘇州藏書——藏書家的藏書活動與藏書生活

作者簡介

　　陳冠至，西元一九六九年生，台北市人。一九九六年，獲私立輔仁大學圖書資訊學系文學士學位。一九九九年，續獲私立中國文化大學史學研究所文學碩士學位。二〇〇六年，再獲本所文學博士學位。主修明代史，學術專長為明史、中國藏書史、歷史文獻學、古籍整理學、地域文人集團與私人藏書文化等主題。曾任經國管理暨健康學院共同科兼任講師，現為新生醫護管理專科學校專任助理教授，並致力於古代生活文化史研究。

　　陳君碩士、博士階段，十年間專攻明代文人藏書生活文化，對於史料的掌握與應用，頗有心得。除探討傳統圖書文物與中國史部目錄學外，並創新研究取向，結合社會史學，另關明代文風鼎盛，藏書活動、藏書生活極為多姿多采的江南六府地區（蘇州府、松江府、常州府、杭州府、嘉興府、湖州府）為研究議題。其中涉及文人活動、生活方式、文會結社、藏書專題、圖書流通與文化傳播、圖書鑑賞等等，

研究領域至爲寬廣。著作有《明代的蘇州藏書——藏書家的藏書活動與藏書生活》，探索明代蘇州文人藏書生活的型態與文化；而《明代的江南藏書——五府藏書家的藏書活動與藏書生活》一書，乃前書之展延，將地域範圍擴充至明代長江下游太湖流域的松江、常州、杭州、嘉興、湖州等五府地區，繼續探究本區的私人藏書事業與文化風尚。此外，尚有〈明代的巡茶御史〉（刊載於《明史研究專刊》，第 14 期，2003 年 8 月）、〈明代江南五府地區藏書家的書畫收藏風尚〉（刊載於《故宮學術季刊》，第 23 卷第 4 期，2006 年夏季號）等學術性論文若干篇。

提　要

　　中國古代的私人藏書風氣到了明朝突然大放異彩，且是以蘇州爲中心而向外擴展的。直到清代，蘇州藏書之風仍然屹立不衰，不但承襲明代吳地藏書家的特殊藏書嗜好與藏書理論，甚至促成了中國版本目錄學等藏書相關專門學問的成熟與壯大。值得注意的是，明代蘇州藏書事業的發達除仰賴地緣、政治、經濟與社會等因素以外，藏書家的集團性質與他們的生活文化，也都是促成本地私人藏書事業發達以及文人生活文化成形的主要原因。所以，藏書家對明代「吳中文苑」的生活文化，正可說是扮演著相當重要的主導角色。

　　本文的研究重點與主旨，除著眼於明代蘇州地區藏書家之間集團性的分析與界定外，並透過探究出他們日常生活的類型與特色，期盼可以瞭解明代吳地藏書事業之所以能夠振衰起弊、承先啓後的一些人文因素。

目　錄

第五、六、七冊　陳振孫之子學及其《直齋書錄解題》子錄考證

作者簡介

何廣棪，字碩堂，號弘齋，香港新亞研究所文學博士。歷任香港大專院校教職，現任臺灣華梵大學東方人文思想研究所教授。早歲研究李清照、楊樹達、陳寅恪、敦煌瓜沙史料，頗有著述。近年鑽研陳振孫及《直齋書錄解題》，出版之專書及發表之論文，甚受海峽兩岸士林關注與延譽。

提　要

本書撰者何廣棪教授研治陳振孫及《直齋書錄解題》凡二十年，用力最深，用功最勤，而獲得之成績亦最爲豐碩。所撰《陳振孫之生平及其著述研究》，一九九三年十月交台灣文史哲出版社印行，面世以來，一直深受海峽兩岸學術界關注與延譽。去歲又將所撰《陳振孫之經學及其〈直齋書錄解題〉經錄考證》與《陳振孫之史學及其〈直齋書錄解題〉史錄考證》送交花木蘭文化出版社出版，已分別收入《古典文獻研究輯刊》二、三編中。撰者之書均屬皇皇鉅著，前者七十萬言，後者百餘萬言，且考證精鑿，資料富贍，堪稱當代研究《直齋書錄解題》經、

史二錄最具深度、最富功力之文獻學著作。

　　《陳振孫之子學及其〈直齋書錄解題〉子錄考證》乃繼前二書而撰就,所用研究方法仍著重對《解題》子錄進行疏證與闡發。全書撰成考證文字八百二十三條,對陳振孫子學及其相關議論與見地,均作全面之探源與述釋;而於振孫書中容有之錯舛與闕失,則予深入分析與辨證。言必有據,語必覈實,是本書考證特色。故撰者引據至富,發明良多,其書不惟可作振孫之功臣,亦必爲研治《直齋書錄解題》子錄不可或闕之參考。

目　錄

十、神仙類

十一、釋氏類

十四、陰陽家類

下　冊

十七、醫書類

十九、雜藝類

第八冊　孔衍《春秋後語》研究

作者簡介

康世昌

出生地：南投縣鹿谷鄉

現職：國立嘉義大學中文系副教授

學歷：中國文化大學中國文學研究所博士
經歷：台北市華岡藝校、實踐大學、花蓮師範學院
著述：孔衍《春秋後語》研究、漢魏六朝家訓研究

提　要

1、研究目的　孔衍《春秋後語》曾流行於唐、五代之間，然自南宋以下，逐漸衰微。自元吳師道用以校《戰國策》後，世人不見原書，亡佚至今已四百餘年。明代以後雖有輯本行世，然皆不完備，輯佚者如鄭良樹〈春秋後語輯校〉，爲敦煌寫卷出現後，據以輯校之第一人，然未及善加利用，故遺失頗多。今欲得一較全備之《後語》輯本，尚付闕如。因而輯出較前人完備的《後語》，是本論文的第一目的。其次前人對此書的認識，每不能詳確，或因材料不足而判斷錯誤；今撰此論文，可澄清前人對此書的誤解，並申說此書的性質、內容、體例。希望對此書有更進一步的了解。這是本論文的第二目的。

2、文獻　所用《後語》的基本材料有巴黎、倫敦所藏十一號漢文寫卷（P5034V、P5523V、羅氏舊藏《秦語》P2702、P5010、S713、P3616、P2872V、P2589、P2569、S1439），以及古注、類書、地理志、佛教經疏、童蒙書等，凡引及《後語》而足爲參校者，皆在運用之列。至於中國的經、史、子、集四部書，日文、法文、英文等研究論著，凡涉及本論文研究主題者，亦頗相參佐。

3、研究方法　先整理敦煌殘存《春秋後語》寫卷，再收輯古書所徵引之《後語》，兩相比勘，得一較完備的輯本。而後以此輯本爲基礎，運用歸納、演繹等方法，探討此書的諸多問題。

4、研究內容　本論文分研究篇與輯校篇兩部分，研究篇包含五章：（1）孔衍之生平及其著述。（2）孔衍撰述《春秋後語》之方法與態度。（3）《春秋後語》之流傳。（4）今存《春秋後語》諸本考述。（5）《春秋後語》及注之價值。輯校篇則以《後語》十卷七國之編次，分卷錄出，並附校文案語，儘量求其符合《後語》原貌。

5、研究結果　前人輯本以鄭良樹爲最完備，然僅得二萬四千餘字。本論文所輯《後語》，本文約四萬九千餘字，注文約六千餘字，較鄭輯本多出一倍。且內容之編排儘量恢復原本形態，較之鄭氏多以《國策》爲依歸，未顧及其本身體例者，似尤近於孔衍本旨。其次論述《後語》之流傳、亡佚、撰述體例、取材來源、注本考訂，此多前賢所未述及，或雖述及而頗涉臆測，未爲允當。因並詳加考訂，澄清其未當，補充其不足，庶幾可見此書之始末。

目　錄

第九冊　毛鄭《詩經》解經學研究

作者簡介

　　車行健，國立中央大學文學碩士，天主教輔仁大學文學博士，曾任國立東華大學中文系助理教授、副教授，現任國立政治大學中文系副教授。致力於經典解釋學、經學思想及漢代學術等領域之研究，著有《禮儀、讖緯與經義——鄭玄經學思想及其解經方法》（1996）、《新讀郁離子——劉伯溫寓言》（1996）、《詩本義析論——以歐陽修與龔橙詩義論述爲中心》（2002）及學術論文二十餘篇。

提　要

　　本文處理的是漢代毛鄭《詩經》解經學，重點則在於解經方法的建構。但毛鄭解經作品卻非一人一時所作，因此首先須論證這些解經成果是屬於同一系統，這是第一章的主要工作。在第二章，則對毛鄭的解《詩》成果做一概括的總體觀察，以明其體例和性質。

　　就解經目標言，一套正式的解經方法應該有其終極的詮釋目標。對毛鄭而言，其解經的終極目標就在於《詩》的「本意」。因此「本意」問題乃成爲本文了解毛鄭《詩經》學首先須面臨的問題。論文的第三章就將詳細的從理論的分析和歷史的考察兩方面來探索「《詩》本意」的問題。

　　就注釋問題而言，漢人在肯定《詩》本意存在後，即透過注釋活動去構築一套獨特的詮釋《詩經》方法，來將《詩》本意詮釋出來。論文第四章就將觀察這套解《詩》方法的理論根據、建構經過及其內部構造。

　　毛鄭雖然建構了一套完整的解《詩》方法，其成果亦頗顯著，但在理論的依據方面，如方法的可行性及方法的應用等問題皆沒有做妥善的交代，以致引起後世許多的質疑和爭詰。本文第五章即針對毛鄭這整套解《詩》方法做一整體的反省和評議。最後在結論中除了對本文的研究工作做一回顧之外，並對未來的研究及新論題的開拓做一展望。

目　錄

董仲舒《春秋》解經方法探究

作者簡介

　　王淑蕙，1969 生。曾榮獲第 9 屆（1992）中興湖文學獎‧文學評論組首獎。第 12 屆（1993）金筆獎‧小說組‧第三名。中華民國教育部 82 年全國文藝創作獎‧小說組‧佳作。自（2001）以「關於〈植有木瓜樹的小鎮〉中「屈從而傾斜」論點的再省思」論文，榮獲第七屆府城文學獎‧貳獎後，開始從事台灣文學研究。2003 年以「從白先勇的〈花橋榮記〉看台灣文學中的族群記憶——兼論呂赫若的〈冬夜〉」，於香港大學主辦之《白先勇與二十世紀華文文學》會，榮獲第三名論文獎。目前任教南台科技大學‧通識中心。

提　要

　　一個時代的氛圍往往是當代學者研究的風向球，從不同時代學者的研究總能嗅出歷史的痕跡。因此近從現代遠至東漢，對於曾經活躍於西漢學術舞台的大儒董仲舒，不同的學者們總是有著相去甚遠的結論。筆者於中央大學在學期間，抱著對孔

老夫子的儒慕之情，因此在充滿松濤的季節，著手從事董仲舒相關解經研究，用意在還原這位生於公元前 179 年的漢代學術家，對於《春秋經》、《公羊傳》的傳承問題。並以結論來解釋不同時代的學者的極端觀點，期望經學的研究也能解決哲學的問題。

目　錄

第十冊 論《臺灣省通志稿》之纂修——以革命、學藝、人物三志為例

作者簡介

曾鼎甲，1966 年出生，台北市人，國立中興大學歷史學博士，逢甲大學歷史文物研究所助理教授。

著作：《戰後臺中縣的農業發展（1950～1999）》、〈評介毛著《方志新論》〉、〈道格拉斯・諾斯與新經濟史：兼論經濟史研究取向之變遷〉、〈論近五十年來臺灣方志之纂修：以《臺灣省通志稿・人物志》為例〉、〈論戰後臺灣方志之纂修：以《臺灣省通志稿・學藝志》為例〉、〈論《臺灣省通志稿》之纂修：以革命志為例〉、〈戰後臺灣縣（市）志有關經濟類目之研究：以《臺中縣志・經濟志》為例〉、〈戰後臺灣鄉鎮人口變遷之研究：以臺中縣各鄉鎮為例〉、〈戰後臺中縣農業耕地與人地關係之

長期變動（1950～1999）〉。

提　要

　　方志與正史自始即爲中國傳統史學相當重要的二部份。不論就史書纂修的持續、纂修數量的眾多、纂修方法的發展，以及記載內容的廣泛，正史與方志都有相當可觀的成就。惟在近代以來新史學的發展下，正史體例自《清史稿》即已不爲史家所重，而方志之纂修則仍未嘗稍止。方志之所以能賡續發展，主要是因爲民初以來「科學新方志」之提倡，使方志纂修融入新的成分所致。

　　《臺灣省通志稿》爲戰後臺灣首部纂修的省級通志，當局對此部志書的纂修極爲重視。參與修志者，除了臺灣本地嫻於掌故的修志專家外，也有許多隨政府來臺的各領域學者專家。因此《臺灣省通志稿》之纂修，不僅承襲了臺灣自清代以來，歷經日治時期的修志傳統，同時也融合新、舊方志纂修之方法，在方志纂修方面多有創新之處。本書從傳統中國方志學發展與「方志編纂學」之角度，觀察臺灣方志纂修之傳統，並考量紀、志、傳三種史書纂修之體裁，分別選擇革命、學藝、人物三志，討論該志稿之纂修經過與得失，並分析其纂修體例、纂修方法，與史料運用的得失。

　　「革命志」爲記時敘事之體，在史事信而有徵之外，尤重敘事之法，故應以「言有序」爲尚。所謂的「言有序」，不僅包括個別歷史事件之敘述具有條理，同時也注重各歷史事件間，是否依其發生之先後，或性質相近者予以適當之編排。本書第三章主要以時間爲序，分別討論《臺灣省通志稿·革命志》之驅荷、拒清、抗日三篇，在類目編排與敘事方法方面的得失；並考訂抗日篇史實記載之謬誤。

　　「學藝志」爲記述名物之體，所注重者乃事類之詳實，必以「言有物」爲要。所謂「言有物」，包括事物之分類是否適當，以及各類內容之記載是否完整，是以本書第四章主要以事類爲次，分別討論《臺灣省通志稿·學藝志》之文學、哲學、藝術三篇，在類目制訂與記載內容方面的得失。由於「學藝」爲志，本有其沿襲傳統方志之處，本書於此亦爲頗重視，是以本章之討論，亦兼及方志纂修之新舊傳統等問題。

　　「人物志」爲傳人行誼之體，務求分別品流、論辯人才，本應以「言有義」爲要；然論辯人才不免帶有價值判斷之興味，實爲近代史學所不取，故「人物志」之纂修，當求人物類型之得當，分別品流之合理，以及蒐羅人物行誼之完備，是爲「言有度」。人物列傳之類目，既以人物之類型爲要，且本書於人物列傳類型之討論，悉以「言有度」爲主要之標準，是以本書第五章並不以時間先後爲討論之順序，而是

以方法爲次，分別討論《臺灣省通志稿‧人物志》之資料編排與引文標注等外在形式之安排，以及內容撰述與史料運用等內部特徵之價值，並考證史料記載謬誤之問題。

最後，本書在第六章，就方志纂修在類目編排、體例制訂、以及歷史撰述和史料記注等方面之問題，總結《臺灣省通志稿》纂修之成果，嘗試爲《臺灣省通志稿》在方志學領域中，謀一適當的地位。

目 錄

第十一冊　漢代《尚書》讖緯學述

作者簡介

　　黃復山，輔仁大學文學博士，淡江大學中文系教授。著有《王安石〈字說〉之研究》、《漢代《尚書》讖緯學述》、《東漢讖緯學新探》等書，以及論文〈王安石三

不足說考辨〉、〈讖緯文獻學方法論〉、〈《尚書》嵎夷今古文考釋〉等數十篇。近年來
專力於古代預言書與漢代讖緯學之探討，並於淡江中文研究所開設「古代預言書專
題研究」、「讖緯研究」課程，陸續主持國科會個人研究計畫「漢代河圖、洛書研究」、
「漢定型圖讖考釋」、中央研究院「經典與文化形成之研究」計畫之「儒家經典與讖
緯」等案。

提　要

　　漢代之「讖」，具備二種型式：一爲「日常生活依準所用之讖書」，賈誼、淮南
王時已見其書；二爲「政治目的所造作之讖語」，則歷代屢見不鮮，以王莽時最爲熾
盛，君臣、宗室、百姓皆藉以爲篡位、爭寵、起義之口實，遂行各自之政治意圖。

　　漢光武帝既賴讖文興復漢室，基於政治目的，乃命朝臣校定當世流傳之圖讖，
並著意使之與經義結合，費時三十載，纂成「圖讖八十一卷」，更宣布於天下，以爲
習學者之依準。此即歷代學者論述所依據之「緯書」。漢末鄭玄爲此「八十一卷」作
注，或名之曰「緯」、或名之曰「讖」，並視爲孔子所親撰，以提高讖緯書之學術地
位。迨《隋書‧經籍志》取後世崇緯觀念，乃強分八十一卷爲「讖」、「緯」二部分，
致使歷代學者鑽研時產生誤解，以爲古代本有孔子所撰之「緯書」，內容與預言徵祥
之「讖書」相異。

　　析論《尚書緯》之內容，涵括地理、天文、曆法等類題，間有符合後世科學理
念之載錄者，多可由秦、漢傳世之成書尋繹其說根源；而學者以爲新奇可喜之「地
動說」，亦非今日所謂之「地球自轉說」。其餘《尚書緯》讖文之內容，實多與《尚
書》經旨無關，而論及《尚書》議題之讖文，又有祇見於其他緯書者，是皆可證光
武帝朝臣編纂圖讖諸書時，並未專就其篇名與內容作仔細考量，加以鎔鑄也。至若
緯書視爲重要內容之星曆、祭祀、受命、禮壇、災驗諸事，《尚書緯》所論並不明晰，
實應更取其他緯書詳作比覈，始能考論證成議題之原旨。

　　《尚書緯》之價值在於衰輯東漢初年所流行之學術文獻，頗類《說苑》之流，
今日吾人研討《尚書緯》，其中方士夸誕之讖文固不足取信，而解經義、論天文、說
曆象之佚文，若已無法見於今存漢代文獻中，則亦可藉爲探討漢代學術之資也。固
不必盲目崇之、偉之，亦不必任意貶之、棄之也。

目　錄

第十二冊　《漢書》引《尚書》研究

作者簡介

　　周少豪，1965 年生於台南，1997 年任長榮大學（前長榮管理學院）專任教師迄今，亦於 1997〜1999 年擔任台南藝術大學兼任教師。

提　要

　　「地理之名」、「逸樂之戒」、「戚貴之杜」、「黜陟之効」、「律曆之定」、「儀倫之明」、「君德之頌」、「刑罰之慎」、「賢德之進」、「諫諍之勸」、「災異之論」、「修身之勉」、「官職之別」等項目，無一不與國家之興滅相關，本文藉由——

　　（一）《尚書》佚篇之蒐羅

　　（二）《尚書》文字之詁訓

　　（三）兩漢對《尚書》之注釋

　　（四）兩漢對《尚書》之應用

　　以展現在有漢一朝，《尚書》之於當代政經教化等方面，是否僅止於「史料」；抑是勉人孝悌忠信、謹言慎行、正身修德等之勵志文章；或為一部真可以之建國君民之「政書」；還是三者兼而有之！

　　雖言：「半部論語可以治天下」，然歷代皆無以《論語》治天下，然有以《尚書》而治家國者！國之治亂者，人也。《尚書》乙經，大至天下國家之治，小及修身齊家之道，具體而微，信然有徵！

目　錄

凡　例

第十三冊　《後漢書》引《尚書》考辨

作者簡介

　　蔡根祥，字本善，號社松，廣東中山人。民國四十五年生於澳門。高中畢業後來台升學，以第一志願就讀國立台灣師範大學國文系。修業完成，獲分發台北市蘭雅國中任教。考上師大國文研究所碩士班，以論文〈《後漢書》引《尚書》考辨〉完成碩士學位。經陳新雄老師推薦，應聘赴韓國釜山東亞大學校中語中文系。返台攻讀台灣師大國文研究所博士學位。以〈宋代《尚書》學案〉論文畢業。先後任教於崇佑企業專科學校、台北工專，再轉任高雄師大國文系，復改任經學研究所副教授迄今。曾受聘爲國立編譯館國中國文教科書編審委員，對中學國文教材有所鑽研。除《尚書》之外，對群經、諸子、文字學、聲韻學、訓詁學、語言學、方言（粵語）、書法等皆有涉獵鑽研，現在所任教之課目亦與前述專長相同。曾發表相關論文數十篇。

提　要

　　本論文乃根據東晉末、南朝劉宋間范曄所著《後漢書》，以書中所引用有關《尚書》之文辭語句，以考辨其中所顯示《尚書》之種種情形。文中除分別註明、考辨《尚書》文句字形、意義、說法、家派等之外，尚有主要考辨之論題三：

　　其一：可以據此考辨范曄所用之《尚書》學，其文本及其《尚書》學淵源與家

派。根據本論文之考辨，范曄之《尚書》學，承其祖范寧之學，主用鄭玄之說。

其二：可藉《後漢書》所引《尚書》文辭語句，對應《後漢書》成書之時間，以考僞《古文尚書》之出世年代。蓋范氏大儒，《後漢》巨著，若其中引《尚書》之文，未見僞古文之跡，則僞古文其時尚或未成；抑或有之，亦必不爲學者所信也。今考《後漢》全書確未見僞《古文尚書》文句與學說，以此知其時僞古文尚未顯於世而爲學者所用也。

其三：可考東漢《尚書》學之情狀及傳授源流，並《尚書》之相關著述。

目　錄

第十四冊　清代《論語》述何學考

作者簡介

賴溫如，台灣師範大學國文系畢業，中興大學中文研究所碩士，台灣師範大學國文研究所博士。現任亞洲大學通識中心助理教授，以研究清代學術思想爲主，著有：《晚清新舊學派思想之論爭——以翼教叢編爲中心的討論》專書及〈嵇康與反玄學思想〉、〈魏晉反玄學思想對貴無思想的批判〉、〈《明夷待訪錄》之經世思想述評〉、〈皮錫瑞《春秋通論》析論〉、〈論孫盛「以儒統老」之思想〉、〈論章學誠〈易教〉篇的六經觀念與《易》學思想〉。另有〈李清照《詞論》析探〉、〈「紅」與「綠」在《小山詞》中的作用〉、〈晁補之與李清照詞學觀點之分析——從評論各家詞作談起〉、〈音節修辭法在詩文教學上的運用〉等專題論文。

提　要

　　《論語》爲儒家重要的典籍之一，自先秦以來，歷代投注於其間作研究的學者，不可勝數。因之，在清代繁盛的經學風潮下，亦有眾多學者從事《論語》的研究工作，有匡正古注者；有紹明絕學者；有自立新說者……，著述豐富，瀚如煙海。

　　本論文乃欲探求清代今文經學復興後，群經大義走向《公羊》化，清代學者劉逢祿、宋翔鳳、戴望、劉恭冕、俞樾、康有爲等人亦援引何劭公之義以說解《論語》，故有《論語》述何之作。本論文即欲探討上述諸位學者的《論語》著作所展現的學術風貌，及其於經學史上的意義。

　　本論文研究的重點，在於考察劉逢祿《論語述何》、宋翔鳳《論語說義》、戴望《論語注》、劉恭冕《何休注訓論語述》、俞樾《何劭公論語義》以及康有爲《論語注》所承繼或發明的漢代《公羊》思想，以及著作中非關《公羊》義之處，並使其理論化。

　　本論文之作，共分爲九章：

　　第一章先述研究動機、重點，並闡明全文之研究範圍及各章節之旨趣。第二章探討清代今文經學復興的時代外因與學術本身發展的內在因素，而《公羊》學說由西漢董仲舒發萌，經東漢何休總結義例，及於清代援《公羊》思想以經世致用，以見《公羊》學說的歷史沿革。第三章探究劉逢祿之生平與其治《春秋》學之觀念，劉氏《論語述何》乃爲追述何氏之意而作，故援引《公羊》三科九旨、正名之義以釋《論語》者，並以今文學之觀點詮釋關於「學」的種種觀念。第四章除陳述宋翔鳳生平事蹟及治學方式，並分析《論語說義》的考據特色，以及《論語說義》所呈現關於《公羊》素王與三統、三世之思想，亦論及非涉《公羊》義例的政治思想。另者，宋氏援引《易》、《老》思想以說解《論語》，顯示其欲會通《論語》於《易》、《老》之用意。第五章首先論述戴望之生平與其治學歷程的轉變，而其《論語注》的體例較之劉逢祿《論語述何》、宋翔鳳《論語說義》顯得完備。戴氏《論語注》中所呈現的三科九旨思想，以及經權思想亦是引《公羊》義例以說《論語》。

　　第六章探究劉恭冕之生平與治學歷程，以及《何休注訓論語述》的著作動機，再由其所附之案語，分爲「闡明何氏之意者」與「異於何氏之意而別有一解者」兩方面，以瞭解其護衛或匡正何休《公羊》義之處。第七章先論述俞樾生平與其諸多著作，其《何劭公論語義》乃爲恢復何休《論語注》而作，由其所附之按語，足以見其闡發何氏之義旨。第八章康有爲的一生，可謂之起伏多變，其爲《論語》作注，乃欲以今文學之觀點企圖重新詮釋《論語》，三世進化說爲康氏的重要思想之一，而關於「學」的諸多觀念，可謂爲一家之論，康氏對儒家重要德目「仁」與「禮」亦

有所承繼及發揮。第九章首先回溯於何休曾否注訓《論語》之相關問題，作分析探討，並檢討諸《論語》述何之作的得失。

目　錄

第十五冊　司馬溫公《通鑑》「臣光曰」研究

作者簡介

　　張立平，1961 年生於台北，1988 年取得國立政治大學中國文學研究所碩士。目前任教於新竹明新科技大學，常年講授「中文領域」及通識「文化行旅」課程。

提　要

　　我國乙部要籍睥睨天下，無論就質與量觀，都足爲箇中翹楚。唯其中「通史」一體，由於所涉史料浩如煙海，復以郭公夏五疑信參差，即便有史館同修亦是難乎其難！如司馬光（溫公）者，竟以十九年光陰，總成此部橫越 1362 年的 294 帙皇皇巨著，其功直追司馬子長《史記》！

　　筆者昔日不過一不敏小子，雖有暴虎馮河之莽，也知學力有所未逮，故僅能以兩年辰光，就溫公原著所見的二百餘篇「臣光曰」暨所徵引各家史論作一初步董理而已。綜覽全篇，凡十八萬言，立四主軸，分九章、廿六節：

　　一、背景：三章—重在《通鑑》的成書與體例。

　　二、主題：三章—就鑑論所見，理出其君、臣及國家機器運作的規範。

　　三、批判：二章—自溫公的思想與文章兩途入手。

　　四、總結：一章—特就提示關鍵、平議爭端、探索影響著眼。

　　而今，廿載春秋如白馬過隙，回首當日顛狂少作，汗顏之餘，唯望無盡方家刊削惠我，其謝不一。

目　錄

第十六冊　論清代《三國志》之研究——以校勘、評論、補注爲例

作者簡介

　　黃文榮，台灣省雲林縣人，東海大學歷史學碩士，現爲國立清華大學歷史所博士生，彰化縣二林高中歷史科教師。著有〈論清代《三國志》研究——以清人的《三國志》補注爲例〉(《東吳歷史學報》10)、〈論清人的《三國志》校勘及其缺失〉(《中正歷史學刊》9)、〈乾嘉學者的《三國志》評論〉(《東吳歷史學報》13)、〈曹操的軍事幕僚研究〉(《輔仁歷史學報》16)、〈元末義兵述論〉(《成大歷史學報》29)、〈論《雲林縣志稿》與《嘉義縣志》的人物纂述〉(《台灣文獻》55：2)等數篇學術論文。目前研究以《三國志》研究史與雲嘉區域史爲主。

提 要

　　本文論題爲〈論清代《三國志》之研究——以校勘、評論、補注爲例〉，筆者以校勘、評論、補注三類爲觀察重點，試圖從歷史編纂、史學評論的角度，闡述清人研究《三國志》在這三方面的特點與優缺，進而對清代史學研究能有較深的認識。

　　第一章首先討論清代史學研究的背景，由社會、學術層面來探討這樣的背景對《三國志》研究所產生的影響。其次，再深入探討清代《三國志》研究概況，分析清人從事《三國志》研究的動機。最後將清代《三國志》研究略作區分，細分爲：康雍時期、乾嘉時期以及道咸以後，討論各階段的研究情形。因此本章主要敘述清代《三國志》研究的背景環境，並分析各期研究的特點。第一章是清代《三國志》研究的綜論，第二章以後則深入研究清人研究著作中的校勘、評論、補注部分。故本文於第二、三、四章分別討論清人在校勘、評論、補注三方面的特點、內容以及問題，希望對此一範圍內的《三國志》研究做一評述。最末總結清人的研究成果，嘗試作出公允評價。

目　錄

第十七冊　《史記・五帝本紀》輯證

作者簡介

　　康全誠，臺灣省台南縣人，民國四十二年生。中國文化大學中文系、中國文學研究所碩士班、博士班畢業。曾兼任高雄海洋科技大學副教授，現爲遠東科技大學通識教育中心專任副教授，教授易經、台灣民俗文化、大一國文。著有《清代易學八家研究》等書。

提　要

　　古來有關五帝之說，各家略有不同；約可分兩大系：其一，黃帝、顓頊、帝嚳、堯、舜。《大戴禮記・五帝德》、《世本》、《史記・五帝本紀》主之，《呂氏春秋》高《注》、〈五帝本紀・正義〉引譙周、應劭、宋均說皆同。其二，大、炎帝、黃帝、少、顓頊，《呂氏春秋・十二紀》及《禮記・月令》，《淮南子・天文訓篇》主之，《漢書・魏相傳》載魏相所奏亦同。太史公撰《五帝本紀》，資料採掇之方，本網羅天下放失舊聞，並擇言雅馴者；張守節《正義》曰：太史公依《世本》、《大戴禮》作〈五帝本紀〉。然以秦火之後，古史事物多爲泯沒，往後諸家傳說紛紜，若覺若夢，亦爲神異。審覽先秦百家之言，古史故事、神話記載暨後世史籍著作零碎，而頗多可采。及有清一代，樸學大師輩出，其於《史記》著述甚爲可觀；梁玉繩之於考訂，王念

孫之於訓詁，張文虎之於校勘，崔適之於辨僞；近世日人瀧川資言之《會注考證》，張森楷之《新校注稿》，皆有功遷史。本文創作之旨有二：一是爲求統理之功，故有黃帝、顓頊、帝嚳三帝史料之輯證。二是因太史公述堯、舜〈本紀〉，取材多本《尚書・堯典》，兼採《孟子》、《左傳》、民間傳說。史遷取材《尚書》，引用《書》文，輒以假借字、訓詁字代今傳《尚書》。故今較諸經史，考辨其文句異同，循經義訓詁之用，以探源史遷《尚書》學之梗概，明其採錄《尚書》，多本歐陽一家也。

　　本文共分七章，前三章乃輯錄上古黃帝、顓頊、帝嚳之史料，以證史遷取材多本《大戴禮記・五帝德》之說。另採摭諸家訓釋、《路史外紀》、唐宋類書，以正《三家注》、《考證》之失，補苴罅漏，疏通證明，重爲詮次。復以錢賓四先生《史記地名考》重訂上古地名之今稱，俾明古今地理之沿革。第四、五章則因太史公博采經記，而爲堯、舜〈本紀〉，故文中比合經史，俾明史遷以假借字代本字，本字代假借字，假借代假借字，訓詁字代經史，史文驪括經文諸例，並及《尚書》今古文之別。第六章爲贊辭之疏證，第七章爲結語，乃綜覈眾說，析論《尚書》今古文之學官始末，並汲深博覽，著以己見。結語之末，則輯史遷采錄尚書所用訓詁、假借諸例，彙選排比，以見大端。

目　錄

荀悅《漢紀》之研究

作者簡介

　　曾慶生，中興大學歷史學系碩士班畢業，目前服務公職。

提　要

　　在馬、班的紀傳體壟斷史壇數百年之後，荀悅《漢紀》始以編年體獨出，成爲史壇大事，因此就時機言，《漢紀》的出現確實在編年體的復興運動中具有示範的作用；但是就著作動機、著作體裁、對編年古體的認識，及古體創作風氣的影響言，並不足以使《漢紀》在編年體復興與二體並行的史學意義裡穩居關鍵的角色。

　　雖然如此，荀悅傚倣《左傳》的經典觀念，塑造《漢紀》成爲一代大典的企圖，則在理論上提高了史的價值與地位；另外，《漢紀》蘊藉春秋精神於文意的筆法，也啓示後世編年史家的效行。

　　綜論《漢紀》雖僅是形式而非實質的古體復興，然於史體概念及史籍地位上，實已起了示範的作用。

目　錄

第十八冊　魏源《老子本義》研究

作者簡介

　　張博勳，國立臺灣師範大學中文系學士，國立中正大學中文所碩士，國立臺灣

師範大學中文所博士班進修中，現任國民中學教師。

提　要

　　綜觀中國歷代研究與詮解《老子》諸家，其詮說方式隨著各詮說者的思想背景不同，有著多元化的展現。學儒者多賦新義、實義於其上，以求貫通儒道；修佛者以爲老學虛靜，非佛理不能盡說道妙；神仙道家動輒賦予玄虛之言，好以養生爲說；言境界者不拘文字，講究心靈的超脫與領悟；言貫通者出入諸家、會通諸說，欲建立客觀而周延的思想體系。在這當中逐漸形成各類的詮老體系，豐富了《老子》思想的發展面貌。清代魏源的《老子本義》，爲一帶著經世致用理想的詮老之作，以現實觀點對於歷代被他所評爲「泥其一而誣其全」的注家們作下種種批判，以期還原出一個他所認爲的《老子》本義。其可謂是對《老子》玄虛境界詮解傳統的一種「反動」，對黃老現實運用的一種「發揚」。

　　本書乃欲藉探討研究魏源《老子本義》一書，期望能忠實而客觀地呈現其中的內容形式和思想理路，釐析出魏源老學特質與詮老體系，藉此爲多樣化的老學詮釋增添新成分，並給予後續研究者一些方便，以期可以在義理性格上與歷來諸多的解老著作互相對比，而廣闊我們對老學詮釋的視野。

　　綜觀魏源所批判的歷代注家與他自己，皆可謂在有意爲之或不知不覺中進行著一種詮釋上的再創造。或許本書之論述亦是逃不開此情形，帶有筆者某種未能爲自我察知的主觀，但仍謹以淺薄之識見，嘗試釐析出魏源在詮解《老子》時所採取的態度與方向，以期能與那多如繁星般的種種《老子》思想詮解作一個對應。理解、詮釋或許是我們認知《老子》理念的一個過程，但非全部，也非唯一。重要的是我們要能放開對詮釋方式的執念，或者對詮釋者在價值上的好惡判定，雖然在認知上所接觸的只是具有侷限性的語言文字，但卻可以從中激發出無窮盡的體悟。

目　錄

第十九冊 章太炎《齊物論釋》之研究

作者簡介

蘇美文，臺灣高雄市人。淡江大學中文碩士、香港珠海大學中文博士候選人。

現任中華技術學院共同科副教授。以生命之究竟解脫爲人生目標，目前關注於女性禪師等佛道宗教的女性議題，此後願意繼續致力於眾生平等、啓發智慧、自在圓滿等價值之主題。有〈女性禪師的道影：由「寫眞與名言」探析衹園禪師之形象〉、〈伏獅女禪：衹園禪師之參悟與弘法〉、〈女性禪師道場的蹤跡：嘉興梅里伏獅禪院之昔與今〉、〈明末清初女性禪師語錄的出版與入藏：兼論《嘉興藏》入藏問題〉、〈菩提樹與革命僧：清末民初僧人與革命之探討〉等近十篇論文發表。

提 要

　　本論文以章炳麟先生（字太炎）之名著《齊物論釋》爲研究對象。章太炎是清末民初之學問家兼革命家，一生盡心盡力於文化與民族、國家。《齊物論釋》乃其「以佛解莊」之作品，交融了莊子與佛學，以及章氏本人之學養與歷史存在感受。本論文是依一個核心三個角度來說明其內涵。

　　所謂一個核心是：直接進入《齊物論釋》本文，如實探知章氏所詮釋之義理，因此不著力在：是否符合佛法或是否符合莊子原意的判斷上。三個角度是：一者，從莊子詮釋史之「以佛解莊」方式中，明瞭其特質與地位。二者，置於章氏學術思想中，洞見其個人文化生命之流變。三者，安在時代之佛教思潮中，以明其寫作《齊物論釋》之用心所在，橫觀對時代文化之影響。是以本文爲中心，照入縱線之詮釋史、橫面之時代思潮，同置於章太炎學術生命處。由此紛呈《齊物論釋》，使其各顯一端而又互明之。

　　《齊物論釋》之思想，就理路內涵而言，是以佛法般若中道爲基本理路模型，以畢竟空義爲貫串全面理路之基礎。就具體宗派言，是以唯識學之名相來說明萬法之虛妄性。華嚴宗之無盡緣起說明「萬物與我爲一」義。以《大乘起信論》之如來藏思想爲終極之肯定。在「以佛解莊」的詮釋史中，其特色是：以唯識精析名相、句句符應的詮釋方式，建立典範人物：莊子爲「一闡提菩薩」。

　　而在章氏「始則由俗轉眞，終乃回眞向俗」之一生思想中，《齊物論釋》居於「眞俗交融」之地位，並有「回眞向俗」之趨向。於此，章氏創建出獨特的莊子思想體系，也同時啓發他判攝其他思想的方法。在近代佛教思潮上，章氏之「以佛解莊」代表文化界正面看待佛教，助成佛教思潮之興起。但章氏之最終用心落在整個中國社會、文化的前途，他運用佛法唯識法相之學來響應當時精細分析的學術方向，提出齊物思想來透析各種文化論爭之迷障與執著，進而促進中國文化的自信心。他更以菩薩道的精神，來積極鼓吹革命，鼓勵道德勇氣、民族氣節。另外，他的「以佛解莊」代表著：以佛法來融通整合儒釋道、中西等不同文化之差異，而這樣的方式

對後來的學者有一定的啟發作用。

目　錄

第二十冊　文學觀念的因襲與轉變——從《文苑英華》到《唐文粹》

作者簡介

　　張蜀蕙，現任東華大學中國語文系助理教授，著有《文學觀念的因襲與轉變——從文苑英華到唐文粹》政大中文所碩士論文（1993），《書寫與文類——以韓愈詮釋爲中心研究北宋書寫觀》政大中文所博士論文（2000）。研究領域：唐宋散文與唐宋詩，韓柳蘇黃作家研究，兼治旅行文學。

提　要

　　宋初文風的研究是宋代文學研究的重點，歷來研究者或說明此時存在的文學流派，或以歐陽修之前宋初詩人與作品的掘發，意圖解決作爲文學史與批評史，以歐陽修爲反對「西崑體」，作爲唐宋文學風尚轉變關鍵的論述。這些解釋的動機在於認爲歷史的眞實情形是可以重新浮現，本文撰寫的用意亦然，希望透過文學選本，認識與重建宋初文壇。

　　本書以兩本相距不到三十年的宋初編選唐代文學作品選本：《文苑英華》（編選

時間宋太宗太平興國七年至雍熙三年（西元 982～986））、《唐文粹》（編選時間宋真宗咸平五至大中祥符四年（西元 1002～1011）），尋繹當時文壇在延續唐音時，是如何反映時代的聲音？筆者深信這樣的研究路徑與取材是有意義。文學選本的確反映著時代的文學觀點，其研究價值已被認可與確定。作爲描述歐陽修以前的宋初文壇，攸關歐陽修在嘉祐二年（西元 1035）知貢舉，被視爲宋聲的開創。兩本選本的編選時間皆在歐陽修之前，《文苑英華》的編輯群，是以五代入宋的館臣與歐陽修之前的文人，《唐文粹》編者姚鉉是在歐陽修之前即標舉古文，確認韓愈作爲唐文的典範意義。在編選觀點上，兩書一爲官方選本，一爲私人選本，均有其代表性。本文透過兩書雜文類與古文類的編選比較，與兩書編輯群體與同時代的文人們的互動、討論，以勾勒歐陽修之前宋初文壇的情景。本書附錄〈試論《二李唱和集》與白樂天詩之關係〉一文，以說明宋初文壇對白體的接受與實踐。

目　錄

錢謙益《列朝詩集》文學史觀研究

作者簡介

許蔓玲，淡江大學中國文學碩士，曾任天主教恆毅中學教師，現任臺北市立西松高中代理教師。

提 要

自 1910 年林傳甲的《中國文學史》後，各類型的中國文學史著作亦隨之紛紛出版問世，每本書所切入的角度各有不同，而其中的差異往往代表了一種文學史觀的展現。探究古代文獻中，也有許多類似今日文學史著作性質的作品，其中若以斷代

文學史而言，最常為人所討論的就是錢謙益所編撰的《列朝詩集》。

錢謙益之所以為歷來古今學者所討論，不僅因為其個人節操的問題，也由於錢謙益個人才學的豐富，尤其是錢謙益對明代文學所發出的嚴厲批評，這些批評皆在《列朝詩集》一書中表露無遺。

本文針對此書探究錢謙益的文學史觀並將此書與朱彝尊《明詩綜》作一比較，進一步突顯出兩種不同的處理態度，從中確立錢謙益編撰《列朝詩集》一書的意義所在。

目　錄

第二一冊　元明短篇傳奇小說研究

作者簡介

游秀雲，1967 年生，台灣花蓮人。東海大學中國文學系學士、東海大學中國文

學研究所碩士、中國文化大學中國文學研究所博士。現任銘傳大學應用中文系專任副教授，中國文化大學兼任副教授。另著有：《王韜小說三書研究》、《宋代傳奇小說研究》、〈青瑣高議對剪燈新話的影響〉、〈論傳奇小說與筆記小說的區分〉、〈中文系網站之現況與未來〉、〈從管子牧民論古典文學之應用教學〉，等等。

提　要

　　此乃作者繼《宋代傳奇小說研究》之後，探索元明傳奇小說發展之作。全書共分十二章，約二十萬字。第一章緒論，界定元明短篇傳奇小說之範圍，與研究方法。正論部分，則將元明傳奇小說之發展，分為傳奇專集與單篇傳奇二編。第二章至第六章為傳奇集之部，按時代先後，論述瞿佑《剪燈新話》、李禎《剪燈餘話》、趙弼《效顰集》、陶輔《花影集》、釣鴛湖客《鴛渚志餘雪窗談錄》、邵景詹《覓燈因話》等傳奇集；各章分論作家之創作淵源，各集之特色，與諸書之傳承與影響。第七章至第十一章為單篇傳奇之部，按元及明初、明代中期、明代後期等三個階段，引論單篇傳奇小說之作家作品；共有宋本、鄭禧、朱元璋、馬中錫、蔡羽、楊儀、陸粲、周復俊、胡汝嘉、馮時可、陳繼儒、宋楙澄、潘之恒等十三位作家，二十八篇傳奇小說。第十二章結論，總論元明傳奇小說之發展大勢，並按志怪、愛情、歷史、世情、宗教、豪俠、公案小說等類型，與唐宋傳奇作一比較，以呈現其發展特色。文末並附〈元明傳奇篇目分析表〉、〈元明傳奇分類表〉、〈作家時代分布表〉、〈作家生卒及傳奇小說紀事表〉、〈作家年表初編〉等，以供參考。

目　錄

第二二冊　宋代傳奇小說研究

作者簡介

　　游秀雲，1967 年生，台灣花蓮人。東海大學中國文學系學士、東海大學中國文學研究所碩士、中國文化大學中國文學研究所博士。現任銘傳大學應用中文系專任副教授，中國文化大學兼任副教授。另著有：《王韜小說三書研究》、《宋代傳奇小說研究》、〈青瑣高議對剪燈新話的影響〉、〈論傳奇小說與筆記小說的區分〉、〈中文系網站之現況與未來〉、〈從管子牧民論古典文學之應用教學〉，等等。

提　要

　　全書按宋代歷史、愛情、志怪、俠義、宗教、公案、社會寫實等傳奇小說類型，綜論宋傳奇在中國文言小說史上之發展、特色與價值。第一章緒論，探討宋傳奇之研究概況，與本文之研究方法。第二章至第八章，專論各類之作家與作品；包括作者與篇章提要，各類特色與寫作技巧之析論。第二章論樂史等人，十二篇歷史傳奇小說。第三章論王煥等人，十二篇愛情傳奇小說。第四章論錢易等人，十篇志怪傳奇小說。第五章論吳淑等人，七篇俠義傳奇小說。第六章論劉斧等人，八篇宗教傳奇小說。第七章論司馬光等人，九篇公案傳奇小說。第八章論張齊賢等人，七篇社會寫實傳奇小說。第九章結論，透過體察宋代二十一位作家，六十五篇作品，呈現宋傳奇在中國文言小說上，不僅有其時代特色，亦是不可或缺的一環。文末並附〈宋傳奇歷史分期及作者一覽表〉、〈宋傳奇分類篇目表〉，以供參考。

目　錄

《檮杌閒評》研究——魏忠賢時事小說

作者簡介

　　陳大道，東海大學中文碩士（1987），雪梨大學文學博士（1997），現任淡江大學中文系助理教授。著有《檮杌閒評研究》《世紀末閱讀宮體詩之帝王詩人》等，譯有《爲藝術而藝術與文學生命》（*Art for Art's Sake and Literary Life*）等。

提　要

　　「檮杌」意謂「惡獸」，章回小說《檮杌閒評》揭發晚明太監魏忠賢及其黨羽惡行。魏忠賢伏誅未久，《檮》書即於清初問世，是當時普遍出現的「時事小說」之一。成書倉促的時事小說往往被歸入「講史」類，可是，歷史小說歌頌世人英雄故事的特色——例如《三國演義》，時事小說未必遵循，《檮》書就是從負面下筆。此外，草率出版的時事小說，在風潮過後多已不再刊行，唯獨《檮》書以文筆與情節取勝，一直以別名《明珠緣》流傳坊間。

　　如果吾人將「歷史小說」對比西方描寫英雄故事的「羅曼史小說」（romance），那麼，寫惡人的《檮》書與「惡人（流浪漢）小說」（picaresque），有類似之處。小說描述魏忠賢是雜耍藝人私生子，過著中國式的波西米亞（bohemian）生活，他憑著小聰明在墮落的時代裡遊走，也能入贅成家，也混出一些資產，不過，一旦好運用盡，他被謀財害命，雖僥倖不死，卻成爲閹人。之後他夤緣入宮，竟遇到初戀情人、皇帝奶媽客印月，憑著這層關係而掌握大權。小說強調魏閹混合變態心理、貪婪本質，以及入宮前不得志的報復心理，和朝臣結黨營私，迫害「東林黨人」，朝廷因此陷入黑暗。

　　小說前半虛構魏忠賢入宮前經歷，諷刺時代環境的種種缺失，類似世情小說《金瓶》《紅樓》，警世意味強烈。後半部描述魏忠賢掌權的種種惡行，多於史有據，然

而，在描述歸入魏閹同黨所謂「逆案」人物方面，則較《明史》寬鬆許多。因此，繆荃孫等人提出《檮》書作者是明末清初的「李清」。本書提出一位晚明遺臣、明亡仕清的「李元鼎」，也具備《檮》書作者的可能條件。小說開宗明義借輪迴之說，虛構魏忠賢一黨前世是幫助治水有功的赤蛇，卻被明朝官吏誤殺而轉世報仇，有借用宗教力量撫平民心的意圖。

目　錄

第二三冊　《霓裳續譜》研究

作者簡介

張繼光

中國文化大學中國文學博士，靜宜大學中國文學系教授。擅於明清俗曲、民間音樂及台灣傳統戲曲方面之研究，著有《霓裳續譜研究》、《明清小曲研究》、《民歌茉莉花研究》等學位論文及專書，並發表有〈〔玉娥郎〕與〔粉紅蓮〕曲牌初探〉、〈民歌〔十八摸〕曲調源流初探〉、〈明清小曲曲文傳衍之類型及原因析探〉、〈小戲《蕩湖船》源流初探〉、〈台灣北管細曲與明清小曲關聯初探〉、〈台灣北管與日本清樂關聯探究〉……等期刊論文數十篇。

提　要

「俗曲」在明已極盛行，至清代承明餘風更是蔚為大觀。自清初以來，《絲絃小曲》、《霓裳續譜》、《白雪遺音》、《曉風殘月》……等俗曲集的相繼問世，即是明證。其中尤以《霓裳續譜》不僅收輯了乾隆以前北方流行的俗曲，其內容之豐富、份量之龐雜，更屬空前。且由於輯曲者為曲部曲師，所輯皆其一生所習，更能確切反應當時俗曲演出之原貌。因此，今日我們欲研究當時北方流行之俗曲、曲藝及曲部演出情況，便非得憑藉此書不可。此由李家瑞在《北平俗曲略》中的屢加徵引可為證明。

本論文分七章，主要即針對《霓裳續譜》一書所收錄之曲詞、曲牌等資料，作詳盡的分析與歸納，並蒐輯相關資料以作印證。試圖對此書作一全面而深入的探討。

本論文的撰述，除了注重研究的深度外，也兼重其廣度，故對此書所涵蓋的各層面皆盡力顧及。但由於時間所限，在某些方面自然仍有未能深入或訛誤錯漏者，前者將於來日續作探述；後者則祈博雅方家賜以指正。

目　錄

　十五、雙　關 ···140

　第三節　取材上的技巧 ···140

　　一、集特定語詞 ··141

　　二、擴張唐詩 ···144

　　三、改編俗曲 ···145

　　四、拆自戲曲 ···148

　　　（一）整曲組織技巧 ·······································149

　　　（二）各句摘編技巧 ·······································155

第六章　「萬壽慶典」研究 ···159

　第一節　導　言 ···159

　第二節　乾隆朝宮廷演戲及「萬壽慶典」演出場合 ·····160

　　一、月令承應 ···161

　　二、慶典承應 ···161

　　三、「萬壽慶典」演出場合 ···································164

　第三節　曲詞研究 ··166

　　一、曲詞來源 ···166

　　二、作者與編者 ··168

　　三、表達性質 ···170

　第四節　曲牌研究 ··172

　第五節　演出曲藝 ··175

　　一、太平鼓 ··175

　　二、連　相 ··177

　　三、採茶歌 ··179

　　四、打花鼓 ··181

　　五、八角鼓 ··184

　　六、蓮花落 ··186

　　七、秧　歌 ··187

　　八、灘　黃 ··188

　第六節　演出概況析探 ···190

　　一、演出次序 ···190

　　二、演出人數 ···191

　　三、行頭砌末 ···191

第二四冊　《說文解字》釋義析論

作者簡介

　　柯明傑，臺灣雲林縣人，國立中央大學中國文學博士，現任國立屏東教育大學中國語文學系助理教授。學術研究範圍為文字學、聲韻學、訓詁學、漢語語法學、修辭學。主要著作有「《說文解字》釋義析論」、「朱駿聲《說文通訓定聲》異體字之研究」。另又發表〈《說文解字》「同體字」探析〉、〈《說文通訓定聲》之假借說淺析〉、〈朱駿聲《說文通訓定聲》釋形用語之商兌〉、〈《說文解字義證》引「本書」釋義淺析〉、〈《說文》段注「以許證許」淺析〉等多篇論文。

提　要

　　《說文》為吾國形書之濫觴，字學理論之發軔。其說解，率為學者讀經通義之

依據,實文字之鈐鍵,訓詁之指歸。本文之作,非所以探究許書之全貌,亦非所以論析許君收字條舉之是非,以其體大枝廣,任一部分皆可專題析論。職是,乃以許君所釋之字義爲研讀之鵠的。首論字、詞之異同,以知《說文》與《爾雅》釋義之所以別殊之由;次明許書釋義之依據、原則、方法、用語,分其訓詁之類型;次析許君釋義之價值、訓詁之得失。綜此以窺許君《說文》釋義之梗概。

目　錄

第二五冊　《字彙》編纂理論研究

作者簡介

巫俊勳，一九六五年生，苗栗人。輔仁大學中文博士，主要著作《字彙編纂理論研究》、〈從細明體與標楷體之筆畫差異論標準國字之規範與書寫〉、〈《說文解字》解說用字之字形歧異探析——以段注本爲範圍〉、〈明代大型字書編輯特色探析〉等，現任職於國立花蓮大學中國語文學系。

提　要

明代萬曆年間，字書編輯風氣鼎盛，依部首編排之楷書字書不下十種，其中最受當時所歡迎者爲梅膺祚所編之《字彙》，《字彙》以後，字書之編輯或多或少都受到《字彙》之影響，《字彙》可算是集當時傳統字書之大成者，並且奠定近代字書的編輯基礎，故本文針對《字彙》之編纂理論進行研究。

《字彙》之編纂，主要問題有四：一是收字標準問題，二是正異體字判分之問題，三是收入之字如何詮解，四是收入之文字如何編排。本文即針對《字彙》此四項內容深入分析，以探求《字彙》在字書編纂上的繼承與創新。

全文分爲五章：

第一章緒論，除說明研究之動機、範圍與方法外，並就明代萬曆年間楷書字書略作介紹，藉以說明《字彙》之出現並非偶然，更可突顯《字彙》編纂理論的後出轉精。最後再就《字彙》目前所見版本，就內文「■」之比對，推斷原刊本，並說明《字彙》版式與檢索系統搭配的用心。

第二章就《字彙》收字與正字原則分析：《說文》收入正重文一萬零五百一十六字，《篇海》收字五萬五千五千一百一十六，《字彙》收字三萬三千一百七十九，約爲兩書的平均數，其收字之眼光必有獨到之處。而字書字數之增加，異體佔有相當之比例，判分異體並沒有絕對的客觀標準，隨著編者的不同，正異體字的判分也可能有所差異，故本文再分析列爲字頭的異體類型，再與卷首所附「從古」、「遵時」、「古今通用」正字三原則比較，藉以探究卷首三原則與實際的內文編纂是否相呼應。

第三章探析《字彙》之文字詮解方式：字書編輯的目的，主要是作爲識字的橋樑，所闡釋的範圍，不外乎形、音、義三方面，因此，如何透過字書的闡釋，讓讀者快速地認識文字，進而正確地運用文字，是字書編纂者所要面對的必要條件。就《字彙》當時的普受歡迎來看，必然有其獨到的詮解方式，故本文也針對此部分進行分析。

第四章分析《字彙》之分部理論：一本字書即使有獨到的文字詮解方式，若沒有良好的檢索系統，就字書的效用來說也會大打折扣，因此，如何編排收錄的文字，

也是字書編纂良莠的關鍵。從明代萬曆年間《直音篇》、《類纂古文字考》、《洪武正韻彙編》、《六書賦音義》、《合併字學集篇》等各書的努力嘗試,即可見當時對理想旳編排系統的殷切期望。自《字彙》建立二百一十四部的編排系統,不僅《字彙》本身深受歡迎,從《諧聲品字箋》、《元音統韻》以《字彙》為索引,《正字通》、《篆字彙》、《六書分類》、《黃公說字》,乃至《康熙字典》,都以二百一十四部為依歸,可見《字彙》分部的優越性,故本文再就《字彙》的分部理論深入探究。

第五章結論,總結《字彙》編纂理論的創說及對後來字書編纂的影響,並指出編纂的侷限與缺失,冀能客觀地評價《字彙》編纂理論的價值。

目 錄

第二六冊　孫詒讓《名原》研究

作者簡介

　　葉純芳，台灣臺北市人，一九六九年十一月生，東吳大學中國文學研究所博士班畢業。現任東吳大學中文系兼任助理教授、《國際漢學論叢》編輯。專研經學。著有《孫詒讓「名原」研究》（碩士論文）、《孫詒讓「周禮」學研究》（博士論文）；撰有〈海峽兩岸點校「史部」古籍的回顧與檢討〉（合撰）、〈魏晉經學的定位問題〉、〈乾嘉學者研治《周禮》的貢獻〉、〈孫詒讓的輯佚成果——《周禮三家佚注》〉、〈《古今圖書集成・經籍典・周禮部》的文獻價值〉等學術論文十餘篇；編有《近代中國知識分子在日本》（共同編輯）、《晚清經學研究文獻目錄》（共同編輯）等書。

提　要

　　清代是古文字研究的鼎盛期，乾、嘉時期，金文著錄的著作不論是官方的、民間的，在歷代著錄金文的書籍中成為成績最豐富的時代；到了晚清，甲骨文的發現，更提供古文字學家一片亟待開發的良田。而窮畢生心力在古文字學研究上的學者，首推晚清的孫詒讓。孫詒讓窮四十多年的時間在研究青銅器銘文上，先後著有《古籀拾遺》、《古籀餘論》。這兩部書可以說是清代金文研究著作的總結。西元一八九九年（光緒二十五年），河南安陽發現甲骨卜辭，在短短的五年之中，劉鶚即編成《鐵雲藏龜》一書，以著錄甲骨拓片為主，也嘗試解釋幾個甲骨文字。次年。孫詒讓便根據《鐵雲藏龜》寫了《契文舉例》，這是第一部甲骨文研究的著作。孫詒讓晚年，寫了《名原》一書，這部書雖然是孫詒讓最後一部古文字學的著作，卻是中國古文字學史上第一部綜合甲骨文、金文、石鼓文等古文字資料而成的著作，它所代表的意義，是正式結束歷代以「著錄金文並考釋文字」，亦即「以一器釋一器之文」的研究型態，而純粹以討論古文字字形為主的專著。《名原》雖然在古文字學史上扮演著承先啓後的地位，但目前並沒有一部專門討論《名原》的著作，筆者蒐集前人的作品，發現各學者僅在文章中小篇幅地兼論《名原》一書的特色，即使有專文論及此書，亦太過簡略。《名原》一書所擷取的材料、研究的方法、釋字的正確性以及全書的體例、內容等諸多問題，筆者以為有綜合整理、分析探討的必要，希望從這次對《名原》的分析探討中能對《名原》一書的價值作一客觀的認定。　又，研究古文字，首先需從「識字」開始，而識字又需以「方法」輔佐之，孫詒讓在古文字研究上即以善用研究方法為學者所認同，本論文的另一個目的，即希望在釐清《名原》的種種問題後，同時也能學習孫詒讓研究古文字的步驟及方法，奠定良好的基礎，以作

爲日後學習古文字的基石。本論文分爲三大部分：其一爲孫詒讓研究古文字的背景與環境；其二爲《名原》一書校本與體例的分析；其三爲《名原》一書內容的探討。本論文的研究思路是由外圍的環境背景探討，逐漸往核心發展。即從晚清古文字研究環境著手，確定孫詒讓所處的地位，進一步論述與《名原》關係密切的三部古文字著作，再進一步論及《名原》周邊的問題，如：校本、參考資料、體例等，最後探討其內容，確定其價值。

目　錄

第二七冊　釋智旭及其《閱藏知津》之研究

作者簡介

作者：黃怡婷

淡江大學中國文學系

華梵大學東方人文思想研究所

任職於黎明技術學院總務處

著有《詩、書、易、禮、春秋五經源流考》——附五經源流表及兩漢孔子子孫簡表等數篇研究報告

提　要

曉雲導師倡導「儒佛會通」！儒學是一般學者較容易接觸，且是較熟悉的；對於浩瀚好比喜瑪拉雅山之佛學經典，有人懂一經，有人懂一部，但是大多數學者皆只約略知道一些皮毛。儒佛如何會通？首要之事便是依靠「目錄」了。

書目好像地圖、海圖、導航圖，是書目工作者在書海中檢索文獻，為讀者服務的指南針。有了導航圖，便能開始啟航，但少了羅盤，有可能迷路，亦有可能花費終生心力才到達目的地。書目解題乃經典之羅盤，是到達目的地最快最明確的法寶。

明‧智旭《閱藏知津》，乃佛典書目之羅盤。撰作於明末、清初。智旭旁參前人經錄，再佐以一己閱藏之心得，歷時二十春秋完成此書。智旭不僅是佛學重要大師，《閱藏知津》於佛教目錄學史上，更佔有極重要之學術地位。以下分章略述之：

第一章　從序論揭開序幕。

第二章　想要了解《閱藏知津》，不能不先認識釋智旭。對作者之時代、生平、及其它著作，作簡單說明。

第三章　從目錄學角度切入，對《閱藏知津》之內容、撰作體例、及解題特色等幾項作分析研究。

第四章　檢核《閱藏知津》著錄之資料，如佛典譯撰者及其年代，經典題名、卷數，以及標註之南、北藏函號等是否正確，依節詳為考述之。

第五章　目錄學之功用，不外乎「考鏡源流」，擬對《閱藏知津》之源一一探討，先對眾經目錄作了解，再對解題目錄作論述，並相互比較；對《閱藏知津》之流，逐一分析其影響價值，以及此書應有之學術地位。

第六章　結語。

附錄一　《閱藏知津》經典題名、南北藏函號、特殊符號及《永樂南藏》、《永樂北藏》函號等綜合比較表。

目　錄

第二八冊　《四書蕅益解》研究

作者簡介

　　羅永吉，臺灣宜蘭人，1967 年生，國立成功大學中國文學碩士、清華大學中國文學博士，現任教於長庚技術學院通識教育中心。碩士論文爲《四書蕅益解研究》，博士論文爲《陽明心學與眞常佛學之比較研究》。研究所就學時期關注於儒家與佛教思想比較及融通之相關課題，希望能更加了解傳統文化相互交涉的情形，也期能爲個人生命找到安身立命之所在。另撰有：〈道家與道教之關係〉、〈司馬遷思想中天人關係的對立與統一〉、〈王門二溪與佛教思想之交涉〉等單篇論文。

提　要

　　晚明三教合一論的風氣盛行，表現在文學、藝術乃至哲學思想與宗教上，所涵蓋的範圍極廣。就明末的佛教界來說，亦受到此一風氣的影響，慣稱爲明末四大師的雲棲袾宏、達觀眞可、憨山德清與蕅益智旭，都出現儒釋調和的主張。本論文的研究，即是針對蕅益大師的《四書蕅益解》一書，以此書的思想內容爲核心，從儒、佛關係的角度，分兩方面探討：在內緣研究方面，直接從本書的思想著手，以探索蕅益大師如何以其獨特的「現前一念心」的佛教思想，對儒家典籍《四書》進行注解，而見其義理架構上的會通；並進而從儒典原文與蕅師解文的並排對照，窺見此書的詮釋方法。在外緣研究方面，則將此書置於蕅益大師的整體思想中加以定位，並置於儒佛交涉史的發展脈絡上來與佛教界中其他涉及儒釋關係的著作相比較，以凸顯此書在處理儒釋關係問題上的全面與圓熟，而見其價值。全文共分六章：

　　第一章緒論。旨在說明研究動機、研究現況、研究方法，及本文的範圍與限制。

　　第二章《四書蕅益解》的成書因緣。從明末儒釋調和風氣盛行的背景，及蕅益大師本人儒釋思想的演進這兩方面來說明。

　　第三章《四書蕅益解》的思想。分別就此書的三個部分：《大學直指》、《中庸直指》與《論語點睛》的思想進行研究，爲本文的核心部分。

　　第四章《四書蕅益解》的詮釋方法。分別探討此書在詮釋體式與詮釋理路上，如何會通儒釋，並說明此書如何在注解《四書》的經學形式中顯露其思想的創發性。

　　第五章《四書蕅益解》在蕅益大師思想中的定位及其價值。透過蕅師另兩種儒釋調和著作《周易禪解》與〈性學開蒙〉的介紹，以及和明初姚廣孝《道餘錄》、時代相近的憨山大師〈大學綱目決疑〉、《中庸直指》等著作的比較，以見此書之定位、特色及價值。

　　第六章結論。除了回顧本論文的研究結果外，並檢討《四書蕅益解》調和儒釋的效果，以見由儒釋根本精神之差異而造成在儒釋調和論上的困難。

目　錄

《四書蕅益解》研究

作者簡介

簡瑞銓，男。生於民國 55 年 10 月，台灣・南投人。畢業於東吳大學中國文學研究所，學術領域爲四書學、易經與佛學。目前任教於亞洲大學，課餘並致力於心靈淨化工作之推展。

提　要

《四書蕅益解》，乃明朝末年佛教界大師蕅益智旭的解經作品。其書分爲〈大學直指〉、〈中庸直指〉、〈論語點睛〉、〈孟子擇乳〉等四部份。而〈孟子擇乳〉今已亡佚。其成書的最大動機與目的即是「以佛入儒，務誘儒以知禪」，「俾儒者道脈同歸佛海」。

蕅益大師刻意將三教合一乃至儒佛融合的理論落實在其著作裏，其所用的方法乃是完全以其特有的「現前一念心」爲思想基礎來融合儒、道之思想，將三教合一論的主張，從義理會通方面落實到《四書》學裡。

《四書》的內容經過蕅益智旭的精心架構後，整部《四書蕅益解》便將儒家維持人倫之德目，轉換成佛家觀心法門，孔子成爲一位處處觀機逗教機鋒百出的大禪師，而整部講儒家「內聖外王」的《四書》也徹底的佛化，變成學佛者的修行寶典了。這在儒佛交涉史中，《四書蕅益解》可說是一個高峰，它代表了晚明佛教界有目的、有方法、有系統，全面從義理上融和儒釋的成果。在新《四書》學的風潮中，其最大特色在建構了完整的「援佛入儒」的理論架構，呈現了一種特殊的《四書》學新面貌。而在儒佛互動的歷史脈絡中，其最大的作用，即是將儒家的經典納入佛法之中，成爲佛法的一部份，從義理上回應與化解程朱以來儒者的排佛壓力，並藉此作爲接引儒者的橋樑。

目　錄

第二九冊　《列仙、神仙、洞仙》三仙傳之敘述形式與主題分析

作者簡介

張美櫻

佛光大學宗教系助理教授

輔仁大學中國文學系博士

研究領域：道教文學

著作：

《全真七子證道詞意涵析論》

〈公羊傳稱賢事例的價值判斷及其意義〉

〈試論《論語》中天的意義與天人關係〉

〈中文學門中的經典與通識教學──以《詩經・周南・關雎》爲例〉

〈《金蓮正宗記》的敘述結構分析〉

〈《金蓮正宗仙源像傳》敘述分析〉

愛鳥〔小說創作〕

提　要

　　道教的神仙既有承續早期神話中先天不死的仙人,也強調人可經由修練而不死,因此神仙與人有時可分,有時不分,這種半神、半人;半仙、半人的人物,以模擬人物傳記的方式而敘述的就是仙傳,仙傳之模擬史傳的人物傳記的敘述方式,也是承襲神話的敘述而來,神話中的神靈也是以傳述人物的方式流傳下來,所以仙傳在內容上與形式上及思維方式的運用都是承續神話而來,故仙傳實爲道教神話的記錄。

　　道教以神仙思想爲核心,把道教形成以前的神仙神話賦予道教色彩,這是從《列仙傳》到《神仙傳》的轉變,所以透過仙傳的研究,可以理解道教成立以前的不死信仰與樂園神話的樣貌,以及道教如何吸收遠古長生不死的神仙神話,以建構其宗教的宇宙觀以及道教神話。並且經過對不同時期仙傳集內容的解讀,了解神仙思想自前道教時期至道教時期的發展,並將其定位於道教神話的範疇下,以補大陸學者在「仙話」的範疇下無法給予神仙傳記眞實定位之失。

目　錄

第三十冊　何良俊《四友齋叢說》之研究

作者簡介

　　呂迺基，民國七十七年自國立政治大學中國文學研究所碩士班畢業，現任教於崇右技術學院。

提　要

　　魯迅《華蓋集》〈忽然想起〉一文中說：「歷史上都寫著中國的靈魂，指示著將來的命運，只因塗飾太厚，廢話太多，所以很不容易察出底細來。正如通過密葉投射在莓苔上面的月光，只看見點點的碎影。但如看野史和雜記，可更容易了然了，因爲他們究竟不必太擺史官的架子。」

　　明代嘉靖、隆慶年間松江府何良俊的《四友齋叢說》，正是符合以上條件的筆記小說。該書初刻本三十卷，成於隆慶三年（西元一五六九）；續撰八卷，合爲三十八卷，重刻於萬曆七年（西元一五七九）。全書共分十七門，計有經、史、雜記、子、釋道、文、詩、書、畫、求志、崇訓、尊生、娛老、正俗、考文、記曲、續史。除《紀錄彙編》的摘抄本外，其中書、畫、詞曲三部分曾被單獨輯出，稱爲《四友齋書論》、《四友齋畫論》、《四友齋曲說》（或作《曲論》）；詩的部份，也曾被明周子文的《藝藪談宗》所摘抄。此外，何良俊尚有《何翰林集》、《書畫銘心錄》、《何氏語林》等著作可與《叢說》相互印證補充。

　　由於學術風氣的轉變，自明以來，《叢說》在各時代的價值與地位每不相同。如果將它比喩作獨立的生命體，藉著前人的引用情形及評價高低，可以看到一部筆記小說的歷史，正如一個生命的起伏升降。而在被徵引、討論及影響的部份，在戲曲

主張方面，主要是「崇《拜月亭》而抑《西廂記》、《琵琶記》」、「寧聲而辭不工，無寧辭工而聲不」、「企圖振興北曲以與南曲抗衡」。在書畫方面，由於何良俊長期與文徵明相與評論書畫，學者往往將他的畫論視爲吳派早期畫論的代表作。而在顯現歷史實況上，更可補正史的不足，如記王陽明歿後數十年內，講學者引發的種種後遺症；記倭亂前後，留都南京在政治、軍事、經濟上的窘態；記松江府風俗的侈靡；記嚴嵩的憐才下士；這些鮮活的實例，都是輔助《明史》的最佳材料。

目　錄

晚明世說體著作研究

作者簡介

官廷森，臺灣省臺北縣人，一九七三年生。世界新聞專科學校廣播電視科、政治大學中文系、政治大學中文系碩士班畢業。曾獲《青年日報》「愛說孝」徵文比賽散文類特優獎、臺北縣語文競賽中學教師組朗讀第一名、全國語文競賽中學教師組朗讀第三名。曾任政治大學語言中心華語教師、臺北縣師鐸獎司儀、全國教育博覽會司儀。現任板橋高中國文教師、中國文化大學華語教學師資培訓講師、臺北縣語文競賽朗讀組評審暨集訓指導老師。

提　要

《世說新語》在晚明時期（嘉靖至清初）造成空前盛況，受到士人相當的重視與喜愛。就目前所知而言，單是《世說新語》原作的刻本，便至少有十八種。而《世說新語》之續作、仿作（世說體著作），更高達三十餘部之多。此外，嘗對《世說新語》原作、續作、仿作進行注釋、評點者，亦有十三家左右。至於為其撰作序、跋的文人，更是不勝枚舉、無從計數。如此盛況，乃前代所無。由此可知，《世說新語》在晚明確實扮演著相當重要的角色。

所謂季世，大抵均有若干類似之時代現象與特質。惟魏晉與晚明二者，實有更多相通之處。晚明文人便已自覺此點，如王宇〈清紀序〉論季世，即獨舉漢末魏晉與晚明對映。而晚明世說體著作乃至清言小品之蔚盛，更證明魏晉與晚明之關聯。因此，若以《世說新語》與魏晉時期的部分特質，觀照晚明之文學、思想、文化等現象，當不無所得；則晚明世說體著作，實頗值得吾人注意。

然而，現今對晚明時期的探討，不論是文學理論或士人風氣，皆鮮少觸及晚明世說體著作。晚明性靈思潮之興起，固與王守仁心學（王學泰州學派）之啟發及前、後七子擬古風氣之刺激有關，然其所以何以此種面貌呈現？晚明文人為何以率真任性為處世準則？他們心中的理想人物典型又是哪些？而「清言」作品何以大盛於晚明？

凡此問題，皆可自晚明世說體著作獲得啓發。

　　在研究方向上，本文著重於魏晉與晚明彼此關係之探討，透過《世說新語》與晚明世說體著作的對照、比較，呈顯出晚明世說體著作的特色，並進一步反映出晚明時期之士人風尚與文學興趣。本文第二章探討晚明世說體著作之興起背景與原因；第三章分析晚明世說體著作之形式體制；第四章則自德行、言語、政事、文學、聰慧、賢媛等向度，論述晚明思想風尚及文學現象。希冀藉由對晚明世說體著作的研究，發掘出其於晚明文學、思想、文化史中的意義與價值，進而對整個晚明學術思潮、士人風尚及文學理論，有更爲深刻的了解與掌握。

目　錄

宋代僞撰別集考辨

林清科　著

作者簡介

林清科，1951 年出生於臺灣彰化。畢業於五年制省立臺北師專（今改制為國立臺北教育大學）、私立東吳大學中文系、中文研究所碩士班。

曾任小學教師多年，熱衷語文教學；曾為出版社擔任國語科、社會科教科書編輯委員。所著論文以教育思想、課程教學、語文教育等類別為主，多發表於校內刊物。

提　　要

　　本文主旨在考辨宋代偽撰別集之成因與詳情，及考訂前人辨偽之誤說，以備研究宋人別集者之參考取資。所據資料主要有四類：一為宋人別集，二為宋人筆記、詩話、雜說，三為歷代題識類書志書目，四為近代時賢相關之專著與論文。研究方法，視資料性質之須，參酌使用目錄學與辨偽學之考索方式：於前人辨偽之誤說，則駁其辨偽方法之失；於宋人別集之偽作，則據反證以辨其偽況。經過資料之搜集分類，方法之辨析爬梳，整體之通貫董理，然後綜述成篇，乃且辨且評、夾敘夾議之作也。

　　第一章緒論，敘述偽撰宋集產生之背景，蓋偽集之產生實與書籍產生之歷程相頡頏，則舉凡相關之創作習慣、編輯通例、版刻事業、辨偽風氣皆偽作產生之背景也。

　　第二章敘述偽撰宋集之來歷與偽況，主要析論宋人之作偽原因及作偽方式；而以宋集之偽況極為普遍，欲分篇細考，則零不成章，欲合集考之，復極瑣碎，故乃有分類及其輯目之設想以範圍之也。

　　第三章考訂前人辨偽之誤說，以免從事辨偽者為誤說所欺，蓋去偽證真為求知求理者之理想，若辨偽者之無知而反成作偽者，其為害實與後者等也，故為辨正之。

　　第四章、第五章則詳考宋集中之偽作，又細分為九節，從事周全之考述，以明偽撰宋集之詳情；兩章乃多採論證方式而考辨之者，考辨之內涵亦較與常見之目錄學、辨偽學相類，故其結論頗可信據。

　　第六章則規撫前數章所舉實例，略說宋代偽集可能存在之價值及其影響之利弊，當刪當存之所由。

　　如上所述，其或稍有益於目錄學之考索、或稍有增於辨偽學之成效、或稍有助於宋代文化意識之了解；要之，或可為研究宋人別集者之一助歟？

目

錄

序

　　宋代別集，以書肆佯利作僞、好事者喜竄改人書、編者誤收及歷代刻抄訛誤等原因，故頗多僞作。

　　宋集之有僞作，在宋人即已多言之，如晁公武《郡齋讀書志》、陳振孫《直齋書錄解題》、胡仔《苕溪漁隱叢話》、洪邁《容齋隨筆》、吳曾《能改齋漫錄》等書，常有辨僞之語。至於元明，亦間有言及宋人詩文之僞者。洎乎清代，辨僞之風大盛，論僞撰宋集之言，更爲常見；其論篇章之僞者，如《四庫全書總目提要》所記，極爲繁富，而近人胡玉縉之《補正》、余嘉錫之《辨證》，更能補其所未備。其論板本作僞者，如陸心源《皕宋樓藏書志》、瞿鏞《鐵琴銅劍樓藏書目錄》、葉德輝《書林清話》，皆考證較多而號稱精鑑者也。

　　然筆記詩話之述僞作，或取其與異聞有關者，或取其與詩事有關者，多爲單篇零句，終不能道其全；書志之記僞作，以體製所限，多但載僞作篇目，而不能辨其詳。本文之作，一則據舊籍所記而申論之，舊說有誤者則爲考訂之；一則詳檢宋人別集中之僞作，詳爲列舉考辨；期爲宋代僞撰別集從事周全之檢正與敘述，供研究宋人別集者之參考取資。

　　本文篇題爲仲豫（兆祐）師所授，寫作期間，多蒙啓迪，既成，又承爲之潤色刪正，教誨之恩，謹此誌謝。惟自揆才學譾陋，罣漏疏誤，在所難免，大雅君子，幸垂教焉。

中華民國 74 年 5 月林清科序於東吳大學中國文學研究所

第一章 緒 論

　　僞作之書，影響於文獻之取資甚鉅，此學者所深知者也。然欲考一代僞書，而不知當時著書之情狀，則所考辨必有不能周至者。張心澂《僞書通考》云：「因有造僞書之人，故發生辨僞書之事。然亦有自相紛擾，因不明古時情狀，昧於古書之來源，以今人著述之法例之，由誤會揣測，而某書於是在某種情勢之下，遂躋於僞書之列，致發生辨僞之事。」是則古書之來源，亦有關辨僞之事，故列專章，以爲論述之基礎。

　　大抵一書之刊行，須合作者、編者、刊者三者之力，方足成事。而作者創作之風習，編者撰輯之方式，刊刻者所取之態度，常有意無意間導致僞作之出現，爰就宋代詩文創作之風氣、宋集編撰之通例、宋代版刻事業之興起三事論之。又宋代疑古之風盛行，流風所扇，固能抉發古籍之僞，然亦有因矯枉過正，誤眞爲僞之事，此又不可不察也，宋代辨僞風氣及其成就一節，即論此事。

第一節　宋代詩文創作之風尙

　　宋代右文，故詩文著述之風極盛。以其創作態度而論，宋人之作詩爲文，出於嚴謹者多，出於隨意者少。其作者常有以著述自命、以立言自期者，於是或刻意於學古，或銳意於創新。於詩則尊唐而終別開生面，（清）吳之振《宋詩鈔》序云：「宋人之詩，變化於唐而出其所自得，皮毛落盡，精神獨存。」是也。於文則復古而相習成風、名家輩出，《宋史》（卷四百三十九）〈文苑傳〉云：「廬陵歐陽修出，以古文倡，臨川王安石、眉山蘇軾、南豐曾鞏起和之，宋文日趨於古矣。」是也。是知文章之興，雖關運會，亦繫乎人力矣。

　　以其所作詩文體類而論，宋人於古來各體詩文，無不爲之。以今可見之別集觀

之，於詩體則及四言古、六言古、樂府歌行、五言古、七言古、五言絕律、七言絕律、雜言諸體；於文則及賦、騷、制、敕、詔冊、奏疏、表、啓、頌、書、碑誌、判、序、記、論、銘、箴、贊、檄、露布、傳、雜著、題跋、諡議、行狀、祭文、哀辭、墓誌、神道碑銘諸體〔註1〕，亦云備矣。

以其所作質量而論，宋人爲文，質佳量多，凡名列史傳者，多見詩文之著錄，今見於史志著錄之別集，其以詩文名家者，動輒上百卷，更有多至一百五六十卷者；即以經學、史學、理學、藝術著稱者，亦多有詩文集，多則數十卷，少則數卷。可知宋人重詩文之一斑，亦可見宋人詩文創作之盛。

宋人頗盛題詩，每觸境起興，則隨處題詩。或題於廳室，或題於壁間，或題於樓觀，或題於寺壁，或題於郵亭，或題於驛壁。所題者或自作之詩，或他人之作，而又常不署名，致令莫辨其爲誰作，遂至以訛傳訛，而誤其作者。如〈落星寺〉詩「崒雲臺殿起崔嵬」一首，本閩中章傳道所題於寺壁者，後人愛其詩者改末句作荊公詩，因之誤入《王荊公詩集》卷二十三，題作〈落星寺在南康軍江中〉〔註2〕。又王荊公嘗書唐薛能〈游嘉州後溪〉詩「當時諸葛成何事，只合終身作臥龍」二句於東院小廳，而後人以爲荊公之詩〔註3〕。又王荊公嘗書僧顯忠〈竹裏〉七絕一首於壁間，後人竟輯入《王荊公詩集》卷二十七〔註4〕。此皆其例也。而隨處題詩，致後世不得其作者之名者，據清厲鶚《宋詩紀事》卷九十六所收無名子詩，竟達六十六家。可知隨處題詩之風尚，易混淆作者，爲僞作發生原因之一。

宋人又盛行鈔詩之習尚，每遇佳篇美句，則鈔錄以爲鑒賞之資，或書之以贈人，而常不註明是否爲己作，每致讀者之誤認，而以爲書寫者所自作。如王介甫嘗書唐人詩「濃綠萬枝紅一點，動人春色不須多」二句於所持扇上，後人以爲介甫自作〔註

〔註1〕宋集中詩文分類，常隨編者之意而定。詩之分體，較有定式，可勿論；文體則各集所分不必相同，茲舉其分類較細之別集數種，以明其義。《四庫全書總目》所著錄宋人別集，如田錫《咸平集》三十卷，其文分奏議、書、賦、論、箴、銘、頌、策、箋記、表狀、制語、考詞十三類；余靖《武溪集》二十卷，其文分碑誌、記、議、論、箋、碣、表、制語、判、狀、啓、祭文十一類；各體名猶常見。若《歐陽修文忠集》一百五十三卷，其文分賦、雜文、論、經旨、詔冊、神道碑銘、墓表、墓誌銘、行狀、記、序、傳、上書、書、策問、祭文（以上居士集）；古賦、辭、頌、贊、章、辨、時論、石櫐銘、議、齋文、譜、雜著、題跋、近體賦（以上居士外集）；外制、內制、表、奏、啓、奏草、跋尾，總計三十七類，其分體有至細碎不可名狀者。此處僅舉宋集中較常見之類名述之。
〔註2〕說見宋胡仔《苕溪漁隱叢話》前集卷三十四引《王直方詩話》。
〔註3〕同註2。
〔註4〕同註2卷五十七引《洪駒父詩話》。
〔註5〕同註2引《遯齋閒覽》。

5〕。又宋方惟深曾作〈謁荊公不遇〉七絕一首，王荊公親書方冊間，後人誤入《王荊公詩集》卷三十，題作〈春江〉〔註6〕；又方氏亦曾作〈舟下建溪〉七絕一首，荊公愛之，嘗書座右，其後誤入《王荊公詩集》卷三十一，題作〈江甯夾口〉〔註7〕。又如黃庭堅《山谷內集》卷十二有〈謫居黔南〉十首，乃黃山谷取唐白樂天江州、忠州等詩，摘其數語，寫置齋閣，世遂誤以爲山谷自作，而入其集〔註8〕。又《山谷外集》卷上有〈雜吟〉一首，本唐僧寒山所作，山谷喜而書之，後人以之入集〔註9〕。此皆鈔詩之習尙所致也。

　　宋人多代筆之習，編其集者知其代筆，例皆著之篇題，以明其爲代人作。然亦有本爲他人之代作，而列之本集中，全不加註明，致集中假手眞筆，不可復辨者。如尹焞《和靖集》中文字，有關朝廷事者，多門人代筆，而今已不能辨〔註10〕，是也。又有本爲代他人作，而編者偶漏註其爲代筆者，考其文，則本人之作，考其事，又與本人不符，而滋讀者疑竇。如夏竦《文莊集》(卷四)〈賀昭應宮成表〉爲代王旦作，(卷十一)〈謝賜第宅表〉爲代王欽若作，同卷〈謝御製寵行詩表〉爲代向敏中作〔註11〕。又孫應時《燭湖集》(卷二)〈發舉謝鄉帥啓〉三首，其一爲代宋綬作，其三爲代司馬光後人作，(卷十一)〈承議郎方公行狀〉爲代不知名人作，(卷十二)〈戴夫人墓誌銘〉爲代胡衛作，(卷十三)〈祭興元吳侯文〉爲代邱崈作〔註12〕。若此之類，如不知其情狀，而欲視爲僞作而辨之，則眞成「自相紛擾」矣。

　　以上所舉，皆其較彰明而常見者，其餘尙有唱和、竊詩、改詩之類，亦皆涉及僞事，則於其後各章舉例詳之。

第二節　宋集編撰之通例

　　欲論宋集編撰之通例，則須先知宋集成書之情狀；欲知宋集成書之情狀，又須先知二事：一爲其書如何編成？二爲其書編輯時之義例爲何？明此二事，則宋集成書之情狀可知，其書編撰之通例亦可得而論矣。茲據二事，以述宋集編撰之通例八條。

〔註6〕說見清厲鶚《宋詩記事》卷三十六引《中吳紀聞》。
〔註7〕同註6引《蒲陽文獻》。
〔註8〕說見宋任淵注《山谷內集》卷十二〈謫居黔南〉十首各詩註。
〔註9〕說見劉克莊《後村詩話》續集卷三。
〔註10〕說見清《四庫全書總目提要》(以下簡稱「四庫提要」)卷一百五十七尹焞《和靖集》提要引《朱子語類》。
〔註11〕三篇皆見清王太岳《四庫全書考證》卷七十七。
〔註12〕同註11卷八十三。

一、作者自編

　　宋人自編別集之例不少，而其編輯情況亦略有異。或輯爲官某地時所作詩文爲一集，如寇準知巴東縣時，自擇其詩百餘篇爲《巴東集》〔註13〕，是也。或輯仕歷不同之時所作詩文爲各集，如晏殊嘗自差次其詩文，起儒館至學士爲《臨川集》，起樞廷至宰席爲《二府集》〔註14〕，是也。或輯不同年代所作詩文爲各集〔註15〕，如賀鑄之詩，自輯元符己卯（二年，1099）以前所作者爲《慶湖遺老前集》，己卯以後所作者爲《後集》〔註16〕，是也。或晚年自訂其詩文，檢刪淺妄之作，以示文不苟傳（併見後述第八條），如宋祈年六十時，見其少作，皆欲燒棄之〔註17〕；又如秦觀自編《淮海集》，自改其舊作詩句〔註18〕；再如范成大自編《石湖集》，少作不入正集，而入附錄〔註19〕；皆是也。

二、作者師友或後人編

　　由師友兄弟子姪編詩文集之事，歷代多有，宋代亦然，其情況則有多種。有弟編兄集者，如晁謙之編其兄補之之作爲《雞肋集》〔註20〕，是也。有友人代編集者，如歐陽修編蘇舜欽之作爲《蘇學士集》〔註21〕，是也。有子壻編父集者，如蘇攜編其父頌之作爲《蘇魏公集》，吳淑編其丈徐鉉之作爲《騎省集》〔註22〕，是也。有門人編師集者，如張景編其師柳開之作爲《河東集》〔註23〕，是也。有後官同其地者編其集者，如岳珂官潤州時編米芾之作爲《寶晉英光集》〔註24〕，是也。有鄉後輩編其集者，如黃君著編同郡先賢洪朋之作爲《洪龜父集》〔註25〕，是也。亦有後裔編其祖先集者，其裔近者距三代，遠者或至十餘代。如趙湘《南陽集》爲其孫抃所編〔註26〕，林光朝《艾軒集》爲其族孫同叔所編〔註27〕，薛季宣《浪語集》爲其

〔註13〕說見宋陳振孫《直齋書錄解題》卷二十。
〔註14〕同註13卷十七。
〔註15〕即後文第四條所云之「編年式」。
〔註16〕說見《四庫提要》卷一百五十五《慶湖遺老集》提要。
〔註17〕同註14。
〔註18〕說見《四庫提要》卷一百五十四《淮海集》提要。
〔註19〕說見《四庫提要》卷一百六十《石湖集》提要。
〔註20〕同註18《雞肋集提要》。
〔註21〕說見《四庫提要》卷一百五十二《蘇學士集》提要。
〔註22〕同註21《蘇魏公集》提要、《騎省集》提要。
〔註23〕同註21《河東集》提要。
〔註24〕同註18《寶晉英光集》提要。
〔註25〕同註16《洪龜父集》提要。
〔註26〕同註21《南陽集》提要
〔註27〕說見《四庫提要》卷一百五十九《艾軒集》提要。

姪孫旦所編〔註28〕，仲并《浮山集》爲其外孫孟獻所編〔註29〕，王蘋《王著作集》爲明代其十一世孫觀所編〔註30〕，高翥《信天巢遺稾》爲清代其裔孫士奇所編〔註31〕，是也。

三、多人先後編纂

宋集常有同爲一人詩文，而傳本卻有多種，其卷目及內容皆不盡同。如歐陽修之詩文，《居士集》爲其晚年所自訂，其子棐據之續爲傳家之本；其餘後人裒輯者，宋時已有衞州刻《奏議》，韶州刻《從諫集》，浙西刻《四六集》；又有盧陵本、京師舊本、綿州本、宣和吉本、蘇州本、閩本及周必大與于緧合編本等〔註32〕，是也。或各代陸續有人編輯同一作者之分集，如蘇軾之詩文，宋有佚名編《東坡別集》，明有魯點編《黃樓集》、閭士選編《東坡守膠西集》、陳仁錫編《蘇文奇賞》，凌濛初編《東坡禪喜集》，清有王如錫編《東坡養生集》等〔註33〕，是也。或一人之全集曾有多人所編之本，如蔡襄之詩文集，宋有王十朋編本，明有盧廷選編本、陳一元編本、蔡善繼編本、宋鈺編本，清有蔡廷魁編本等〔註34〕，是也。要之，歷來書志著錄一書之有各本，皆屬此類。而後世書肆刊刻「全集」、「大全集」之書，亦多雜湊此類「各本」而成，故其體製常不純粹也。

四、分類式與編年式

宋集之編撰方式大略有二：一爲分類，一爲編年。大抵合編者多採分類，分集者多採編年。如蘇軾之書，傳本雖夥，要皆不出此二例〔註35〕，是也。其採分類式者，如舊題王十朋所撰之《東坡詩集註》，合東坡詩，分二十九類註之〔註36〕，是也。其採編年式者，如鄭剛中《北山集》，初集起宣和辛丑（三年，1121）至紹興乙卯（五年，1135），中集起紹興乙卯至甲子（十四年，1144），後集起紹興戊辰（十八年，1148）至甲戌（二十四年，1154）〔註37〕，是也。

〔註28〕同註19《浪語集》提要
〔註29〕說見《四庫提要》卷一百五十八浮山集提要。
〔註30〕同註10《王著作集》提要。
〔註31〕同註10《信天巢遺稾》提要。
〔註32〕說見《四庫提要》卷一百五十三《文忠集》提要。
〔註33〕參見《四庫提要》卷一百七十四上述各書提要。
〔註34〕同註21《蔡忠惠集》提要。
〔註35〕同註18《東坡全集》提要。
〔註36〕同註35。
〔註37〕同註29《北山集》提要。

五、續編與兼收

後人之編宋集，例皆求備，常廣爲蒐討，爲之輯佚補遺。或爲之續編，如梅堯臣《宛陵集》，初爲謝景初所輯，僅十卷，歐陽修增入遺槁成十五卷，其後竟有爲之增至五十九卷者〔註38〕，是也。或兼收雜著，如晁說之《景迂生集》，自卷十以下，收元星紀譜、易規、儒言、經史雜論等五卷，非關詩文之體，全爲擴充篇幅而兼收〔註39〕，是也。其爲零篇之補綴者，則更常見矣。

六、附編與附錄

宋集常有附編他人詩文與附錄作者事略之例。或附父祖兄弟子孫等之詩文，如祖無擇《龍學文集》後附家集四卷，乃無擇曾孫行輯無擇叔祖岊、叔士衡、弟無頗、姪德恭等人詩文而成〔註40〕，是也。附錄作者事略之例，宋集中最爲常見，蓋取古人「讀其書，不可不知其人」之義。如王珪《華陽集》後有附錄十卷，乃蒐建遺聞逸事與後人評論之語而輯之者〔註41〕，是也。

七、刪汰淺妄之作

宋人之編別集，例有刪汰。蓋作品勢不能每篇皆精，若一例入集，其書反爲不美。故有由作者自刪其少年之作者，如黃庭堅《內集》詩爲晚年自訂，而不收三十四歲以前之作〔註42〕，是也。有作者自棄其不善者，如陳師道每作詩文，小不中意輒棄去，故所傳不多〔註43〕，是也。有編者爲之刪汰僞作者，如曾鞏《元豐類槁》中本有僞作，而編者陳東爲之刪汰〔註44〕，是也。

八、參校同異擇精去複

宋人之編別集，若所據傳本不衹一種，則例有參正。蓋傳本既多，不免異同故也。如周必大之編《歐陽修文忠集》，或以各本參校異同，考竅字句；或以二本相校，刪其複出；或以他本所無，而旁採附入；或以別本所載，而據理不取〔註45〕。其校正所用義例，頗爲周至，故能鑑別詳確，編訂精審，而爲宋代編校別集者之典範。

〔註38〕同註37。
〔註39〕同註18《景迂生集》提要。
〔註40〕同註32《龍學文集》提要
〔註41〕同註21《華陽集》提要。
〔註42〕說見余嘉錫《四庫提要辨證》卷二十二
〔註43〕說見《宋史》卷四百四十四《文苑傳》
〔註44〕同註32《元豐類槁》提要。
〔註45〕同註32。

觀乎上述通例，可知宋人文集之編撰，繫乎編者之態度甚大。其書體製之純駁、內容之精粗，多視其編輯態度而定。編者態度謹嚴、學識深湛，身世親近於作者、或時代切近於作者者，所編之書常較精審；反之，其書則不免體製駁雜、妄作充斥，或甚而訛謬繁生、偽作間出矣。

第三節　宋代刻書事業之興起

雕版之術，起乎中唐，考諸故籍所載唐代刻書史實，確然可信。歷經五代，其業漸起，官刻私刻，皆有足記者。泊乎北宋，乃燦然可觀；至於南宋，則熾然大盛矣。

兩宋板刻甚盛，故刻書單位甚眾，分布地域甚廣，所刻種類繁多。清葉德輝《書林清話》（卷三）曾檢尋近世流傳之宋代舊本，其署有官銜銜名，而載於各家書目書志者，彙列以論之。據葉氏所考，北宋之國子監、崇文院、德壽殿、左廊司局等內府單位皆曾刻書，論其地則在京師，論其書則即所謂內府本者，此亦論者所知而常言者也。若地方官署，其可知者，兩浙東路茶鹽司、蘇州公使庫、江陰軍學、姑蘇郡齋、臨安府鹽官縣學等，皆有刻書之記錄，其地已及江、浙、閩沿海一帶矣。

至於南宋，則分布更廣，其風更盛。以刻書之地域言，京師刻書，雖為首善之區，然書板既取之州郡，則實皆州郡所刻也〔註46〕。其在地方，檢葉氏所列官署所繫地名，其各州軍府郡縣座落所在，及於兩浙東路、兩浙西路、淮南東路、淮南西路、江南東路、江南西路、荊湖南路、荊湖北路、福建路、成都府路、潼川府路、廣南東路、廣南西路等。若以長江為界，除淮南西路、潼川府路外，其餘各路皆在大江以南，則江南刻風為盛；若按索南宋疆域，則幾及南宋全境，其刻地之分布可謂極廣矣。以刻書之官署言，除內府單位之外，其在地方官署，則有各路安撫使、轉運司、茶鹽司、安撫司、提刑司、庾司、漕司、漕廨、漕院、漕臺、計臺、倉臺，各州公使庫、州學，各軍軍學、軍州學，各府府學，各郡郡學、郡齋、郡庠、學宮、頖宮、郡學舍，各縣縣學、縣齋，及各地書院。則各級官署皆曾刻書，而其中又以學署之刻為多，即以葉氏所列計之，學署所刻者佔十之八九，其餘有司所刻者不過十之一二，可知也。

官署之好刻書，流風所及，於是書肆興起，刻書遂為營利事業矣。《書林清話》（卷三）列其所見載於各書志者，私宅家塾刻書四十八家，坊肆刻書二十二家，

〔註46〕說見屈萬里、昌彼得合著《圖書板本學要略》卷三。

盛況可知。而檢其地域之分布，浙中、閩中、蜀中，皆稱知名；而間及江西、秦中、晉中諸地，頗與官刻之區域相頡頏。是知南宋刻書事業之興盛，不無得助於其士大夫右文之習尚。

兩宋刻書之風既盛，所刻之書門類又廣，遍及經史子集四部。然以刻書者不同，其刻書狀況與所刻之書亦各具特色。

內府刻書，既關一國政經教化，所刻多以經典為主，其書多卷帙較多、篇幅較大，鮮有刊刻私家著述。北宋國子監所刻、南宋國子監猶據以重刊之《十二經正義》、《十七史》、儒道釋兵農醫諸家之書，及《太平御覽》、《太平廣記》、《文苑英華》諸巨帙，皆屬內府之刻也。而內府刻書，以其奉旨刊雕，供貲充足，主事者復多一時之選，宜所刻書多刻印俱佳，校勘精審，而為後世所寶重也。

地方官署之刻書，雖由內府之倡導有以啓之，而亦與其時政風有關。蓋宋時外任之官，多好興學校、聚生員，以收教化之效，以獵育才之名，故每至其任，常喜刻書，以作學子讀本。上文所舉刻書官署銜名，學署絕多，可證也。其所刻書之門類，較之內府，除部分經典外，尚多及私家之著作。惟所刻書多擇篇幅較小者，此蓋官署經費有限，或主事者之遷任無常之故。至其書校勘之精，刻印之美，固有絕佳者，亦有遜內府刻本遠甚者。蓋刻書之風既盛，則率爾將事者亦不免。陸游〈跋歷代陵名〉云：「近世士大夫所至，喜刻書版，而略不校讎；錯本書散滿天下，更誤學者，不如不刻之愈也。」〔註47〕此官署刻書草率致誤之證也。甚而更有憤而致訛之事，王明清《投轄錄》云：「近歲淮西路漕司下諸州，分開聖惠方。而舒州匠以左食錢不以時得，不勝憤躁，凡用藥物，故意令誤。」刻醫書而故意誤其藥方若此，其書尚庸足據乎？惟此類事件之在官刻，偶一見之而已。

至若私家與坊肆之刻書，盛於南宋，已成營利事業，前已言之矣。售書既為利藪，有人欲讀之書，必有願刻之者，兩宋刻書之盛，至此為極，人間之書，幾於無不刻之矣。刻書者多，良莠不齊，故精校慎刻，以冀嘉惠學林者固有之；雕以頓木，印以劣紙，以圖賤價易售者亦有之。其時坊肆甚至有翻版之事，《書林清話》（卷二）云：「世風日降，遇有風行善本，無不展轉翻雕。」而其翻板常非照原樣，或改換名目、或節略其本（如清楊守敬《日本訪書志》〈宋槧本祝穆方輿勝覽自序〉後「兩浙轉運司錄白」所言），或竄易首尾、或增損音義（如清張金吾《愛日精廬藏書志》舊鈔本宋段昌武《叢桂毛詩集解》前有「行在國子監禁止翻版公據」所言），似此皆已跡近偽作矣。書業惡風，自是漸啓，無怪其時坊肆刻書之受訾議矣。

〔註47〕見宋陸游《渭南文集》卷二十六

　　據上所述，可知宋代書業雖盛，而宋刻不必皆善；宋刻之可珍貴，亦不在其必皆善本也。清陸貽典〈校宋本管子後跋〉云：「古今書籍，宋板不必盡是，時板不必盡非。然較是非以爲常，宋刻之非者居二三，時刻之是者，無六七，則寧從其舊也。」此方爲宋刻可貴之處，亦論宋代書業者所宜知也〔註48〕。

第四節　宋代之辨僞風氣及其成就

　　宋代學術之變前古，以疑經肇其始。

　　北宋初興，學者讀經，尙守漢唐註疏。仁宗慶曆以還，學風漸變，不僅廢棄舊註，且併其經文亦疑之。其爲經註也，劉敞之《七經小傳》，王安石之《三經新義》，皆捨古義而獨抒己見。其於經文也，李覯《常語》，司馬光《疑孟》，皆疑《孟子》之書所言非理。蘇軾《書傳》言〈顧命〉一篇所記爲失禮，此猶祇經義之質疑。若歐陽修疑《易》之〈十翼〉非孔子所作〔註49〕；歐陽修、王安石、程顥、程頤、蘇轍等人疑〈詩序〉非子夏所作〔註50〕；程顥、蘇轍疑《周禮》中有後人附益之文〔註51〕，則併其書之作者內容亦疑之矣。南宋陸游嘗論此風云：「唐及國初，學者不敢議孔安國、鄭康成，況聖人乎？自慶曆後，諸儒發明經旨，非前人所及。然排《繫辭》、毀《周禮》、反《孟子》、譏《書》之〈胤征〉、〈顧命〉，黜《詩》之〈序〉，不難於議經，況傳注乎？」〔註52〕，其言可謂簡要而得其實矣。

　　自此而後，疑古漸成風尙。洎乎南宋，或更抉發僞經之深隱，或併疑及史子集三部之書，所論更爲徹底。鄭樵（《詩辨妄》）、程大昌（《考古編》）之於〈詩序〉，王柏（《詩疑》）之於《詩經》，朱熹（《文集》、《語錄》）之於諸經，葉適（《習學記言》）、趙汝談（《南塘易說》）之於〈十翼〉，趙汝楳（《周易輯聞》）之於《子夏易傳》，晁公武（《郡齋讀書志》）、陳振孫（《直齋書錄解題》）之於諸經，黃震（《黃氏日抄》）之於諸經，皆據北宋人所疑諸經而更析其隱微者也。黃伯思（《東觀餘論》）之於《竹書紀年》、《西京雜記》，《晁志》之於《元經》、《國語》、《西京雜記》、《漢武故事》、《列女傳》，《陳錄》之於《元經》、《國語》、《越絕書》、《西京雜記》、《東觀漢紀》，

〔註48〕本節據清葉德輝《書林清話》所記而疏通補成之。其按索刻書地域之分布，則參考《宋史》地理志（卷八十五～九十）與清楊守敬《歷代輿地沿革圖》宋地理志圖之部。葉氏所列書目，俱見原書，不贅

〔註49〕說見宋歐陽修《易童子問》。

〔註50〕皆見張心澂《僞書通考》經部詩類引。

〔註51〕說詳清朱彝尊《經義考》卷一百二十引。

〔註52〕見宋王應麟《困學紀聞》卷八引。

李燾之於《逸周書》、《國語》，黃震之於《逸周書》、《國語》，皆致疑於史部書者，惟所及較少，僅此數部耳。《晁志》、《陳錄》、朱熹、黃震及周氏（《涉筆》）、洪邁（《容齋隨筆》）、高似孫（《子略》）、王應麟（《困學紀聞》），皆致疑於諸子者，諸家所辨，少則數書，多則十餘種，可謂具有規模矣。至於集部之辨偽，雖無專論之者，然《晁志》、《陳錄》之敘錄古人詩文集，多有辨證之語；其餘評文諸家之書，亦間見考辨之文（詳後），非漫不著意也〔註53〕。

　　以上所述，皆宋人之專意於辨偽者也。論其態度，則能疑所當疑，探微知著；論其方法，則能疑之有故，辨之成理。故其所疑之古籍，雖不能皆決然斷其為偽，然亦自有相當成績。如疑《十翼》非孔子所作，《子夏易傳》出之依託，《古文尚書》疑偽，〈詩序〉非子夏所作，《周禮》非周公之書，《左傳》雜入後人作品諸事，皆經元明清以下後人證其可信。而彼等所抉發諸子書數十種，或其書作者內容有偽，或書中雜入後世之作，或成書時代可疑諸事，後人所論雖轉趨精密，要不可不謂彼等發萌破黮有以致之。則宋人辨偽之功，亦可謂斐然有成矣。

　　疑古之風造就宋人讀書貴疑之認識，是故有意於辨偽者固長篇以論之，其非專意於辨偽者，亦常隨錄其疑以備考。其有意於辨偽者固多致力於古經諸子，且卓然有成，前已論之矣。至若隨筆辨偽者，所錄多關唐宋詩文偽作，其言則多散見於所作雜記、詩話類之書。蓋宋人雜記詩話中本有考證一法，其中之言及詩文者，或記某人某集行世之本真偽相半，或記某人某集之雜入偽作，或記某二人篇章互有誤入，或記某詩之作者有二人，或記某詩某文作者出於附會不足信，或記某人竊人詩、某人改人詩，或記某詩某文曾經妄改，若此之類，辨古人作辨宋人作皆有之。如吳曾《能改齋漫錄》、洪邁《容齋隨筆》、胡仔《苕溪漁隱叢話》、嚴羽《滄浪詩話》、魏慶之《詩人玉屑》、劉克莊《後村詩話》、及近人郭紹虞《宋詩話輯佚》所輯各家詩話等書，皆所記較多而可據信者。而後世之讀古人書者，正亦可據以汰偽存真，反其原本，免為作偽者所欺。是則此類詩文辨證之說，不僅有功於作者，且惠及於士林也。

　　然辨偽成風，質疑過甚，則不免時有辨證偶誤、矯枉過正之事。故宋時評詩考文之家，亦有或信口妄言、所辨不實者，或出於輕忽而誤認作者者，甚而至有造偽事、作偽辭以證成己說者。如魏泰《臨漢隱居詩話》之論詩事，不無信口妄言所辨不實之語〔註54〕。又如釋惠洪《冷齋夜話》，吳曾譏其不讀書而誤認詩之作者〔註55〕，

〔註53〕本節至此，略據屈萬里、張心澂二先生之說。關於宋人之疑經，屈先生〈宋人疑經的風氣〉一文論之甚詳（此文今收《書傭論學集》中）；關於宋人之疑史、子、集三部之書，皆見張心澂《偽書通考》所引。

〔註54〕說見郭紹虞《宋詩話考》上卷。

胡仔對之亦多所糾謬〔註 56〕，陳善《捫蝨新話》謂其僞作黃山谷〈西江月〉詞及山谷贈己詩各一首入於書中〔註 57〕；近人郭紹虞論此書云：「此書不僅論事有僞造之病，即論辭亦有剽竊之弊矣。」〔註 58〕，蓋以此也。再如舊題陳師道《後山詩話》，實爲妄人利用後山之名，以逞門戶之私說，併其書亦爲僞作矣〔註 59〕。若此類之書，辨證訛誤，引證失實，強眞爲僞，造僞充眞，爲害於辨僞之事非細，其說固爲考辨僞籍者所當檢汰也。

〔註 55〕 說見宋吳曾《能改齋漫錄》卷三。
〔註 56〕 參見《苕溪漁隱叢話》後集卷二十、二十五、三十五、三十七論《冷齋夜話》之誤妄。
〔註 57〕 說見《四庫提要》卷一百二十《冷齋夜話》提要。
〔註 58〕 同註 54。
〔註 59〕 同註 54。

第二章　宋代僞撰別集之來歷與僞況

宋代別集之生僞誤，夷考其故，所關因素不外人、事、物三端。自僞集發生之程序論之，動機爲人類行爲之原因，有作僞原因而後有作僞之事，有作僞之事則生僞撰之書，此事理之常也。然作僞動機如有不同，其作僞方式亦自差異，而所作之僞書亦各具面目矣。今就此狀況略述宋代僞撰別集之作僞原因，作僞方式，僞書種類及目錄，而分節論之。

第一節　宋代僞撰別集之作僞原因

宋代僞撰別集產生之來源有二：一爲故意作僞者，一爲輕忽致僞者。自故意作僞者觀之，必有其作僞之動機；自輕忽致僞者觀之，亦有其致僞之因由。論其作僞情狀，可分四項說明：一爲書肆侔利而勳亂作僞，二爲好事者之作僞竄改，三爲編者失考而誤收僞作，四爲抄刻訛誤而生疑僞。前二項屬故意作僞，後二項屬輕忽致僞，茲逐項舉證以述之。

一、書肆侔利而勳亂作僞

書肆刻風，盛於南宋，書業惡風，亦起南宋，前已論之矣（第一章第三節）。書肆爲侔利而竄改時行之書或勳入依託之作，亦自宋時已然。宋陳善《捫蝨新話》（卷六）之論東坡詩文，已稱其時書肆往往增添改換，以求速售，而官不之禁云云。此宋代書肆竄改時行之書之可知者也。宋陳振孫《直齋書錄解題》（卷十九）《杜工部詩集註》條下云：「世有稱東坡《杜詩故事》者，隨事造文，一一牽合，而皆不言其所自出，且其辭氣首末若出一口。蓋妄人依託，以欺亂流俗者。書坊則勳入集注中，殊敗人意。」此宋時書肆勳入依託之作之可知者也。《四庫全書總目提要》集部別集

類七著錄舊題宋王十朋撰《東坡詩集註》，提要云：「核書中體例，與《杜詩千家註》相同，殆必一時書肆所爲，借十朋之名以行耳。」清陸心源《儀顧堂集》（卷二十）〈跋王注蘇詩〉亦云：「論者皆謂此注出坊賈託名，斷非王作。愚觀王序文理拙謬，其非出梅溪手無疑。查《庚溪詩話》：『乾道初，梁叔子任掖垣，兼講習。一日宿直召對，上曰：近有趙夔等注蘇詩甚詳，卿見之否？』云云，與夔序合，想書坊以夔無重名而託之十朋耳。」此則宋時書肆託名以作偽者也。

泊乎元代，書肆之造偽依託宋集，亦間有所聞。陸心源《皕宋樓藏書志》（卷七十八）有鮑以文手抄本《斜川集》八卷，引清吳長文手跋云：「蘇叔黨《斜川集》二十卷，世罕傳本。余昔見書賈持售者皆宋劉過《龍洲道人集》，同名而易其姓，以應好古之求耳。……閱（明）王弇州題跋，言以劉集充《斜川》，自元季已然，不自近始，因歎〈廣陵散〉久絕人寰矣。」此言自元至明清書肆偽作《斜川集》之事甚詳。

至於明清兩代，書肆偽作宋集之事較前更變本加厲，除依託作者，作偽內容之外，又有板本作偽，而以其時佞宋成風，所作多爲改造時行板本形制爲古本，以圖獲暴利。明高濂著《遵生八箋》，其〈燕閒清賞箋〉論明代書肆偽作宋本之法甚詳〔註1〕，堪稱無所不用其極。衍及清代，其術尤進，不唯偽宋刻，且偽元刻、明刻。傅增湘藏宋萬卷堂刊本《王狀元集諸家註分類東坡先生詩》，百家註姓氏後，原有「建安萬卷堂刻梓於家塾」木記一行，是本佚去，估人於目錄後偽造木記一行，文曰：「泉州提學市舶司東吳阿老書籍鋪印」，以示其爲宋時之刻〔註2〕。此不知本爲宋本，又偽刻宋人題記，欲充宋本以欺人者也。《天祿琳琅書目》（卷十）明板集部有明成化四年（1468）吉州知府程宗刻本《東坡集》，序後原署姓名，爲書賈剷去，補刊一行，則云「乾道九年閏正月望選德殿書賜蘇嶠」，事非情理，顯出杜撰。此偽刻明本題記年月，欲充宋本以欺人者也。國立中央圖書館藏有明覆宋本《山谷老人刀筆》，於板心中縫逐幅加印「政和元年刊」五字，並將書中宋諱字剷去末筆，儼然北宋刻本〔註3〕。此於明本板心補印年號，欲偽爲宋本以欸人者也。《四庫全書總目提要》集部別集類存目一，有《斜川集》十卷，提要謂其染時本之紙作古色，補畫烏絲，又偽鑄「虞山汲古閣毛子晉圖書」一印，印於卷末，欲以宋板炫俗〔註4〕。此於清本偽造古本形制印記，欲充宋本以欺人者也。清黃蕘圃舊藏宋嘉泰二年（1202）淮東倉司刊本《施顧合註東坡先生詩》，其中四十一、

〔註1〕原文見《書林清話》卷十引。
〔註2〕說見《圖書板本學要略》卷三引《藏書羣書題記》。
〔註3〕同註2卷三。
〔註4〕說見卷一百七十四《斜川集》提要。

四十二兩卷，爲《和陶詩》之全部；楊紹和跋云：「此本將原卷第四十一、第四十二數目字俱挖改作上下，板心亦然，則俗賈所爲，欲充完帙耳。」〔註5〕，此挖改殘本卷次，欲充足本以欺人者也。

　　據上述，可知書肆之作僞書以侔利，歷代多有。

二、好事者之作僞竄改

　　宋集之僞妄，好事者之作僞竄亂，亦爲要因。考其動機，或爲隱諱作者之過失而竄改其書，或爲求名利而冒名作詩，或欲陷人於罪而改人詩文，或因欲順己意而輕改人書，或欲申揚其信仰而託名著書，或欲自隱其事而匿名作詩，或喜附會一時之傳聞而信筆雌黃，情狀不一。於是而有竄亂之書、僞造之作矣。

　　欲隱諱作者之過失而作僞者，如宋人多言李覯不喜孟子，實則覯亦著《常語》以攻孟子，而明左贊爲編《盱江集》，爲之刪去《常語》中攻孟之劇烈者，並於覯他文之中竄入《孟子》之文，以委曲彌縫其攻孟之過〔註6〕；乃欲隱諱作者之過而竄亂其文也。又如鄭剛中曾依附秦檜和議之政，其子良嗣恥之，故僞作〈諫和議〉四疏，〈救曾開、胡銓〉二疏，及〈議和不屈〉一疏，竄入《北山集》中，以釋其父之行〔註7〕；乃欲開釋其父之過惡而作僞也。再如汪勃曾襄佐秦檜爲政，葉適爲作墓誌銘而直書其事，勃之孫綱求適改其文而不得，乃逕改適文之書此事者〔註8〕；乃欲隱諱其祖之過惡而竄改人文也。

　　爲求名利而作僞者，如釋惠洪曾依託黃庭堅之名作〈西江月〉詞及庭堅贈己詩各一首，入於其書《冷齋夜話》中，以示庭堅與己交非凡比〔註9〕；乃欲顯人之重己而作僞也。又如譚知柔曾剽竊吳可詩「小醉初醒過別村」云云一首入於己作中，以獻某達官〔註10〕；乃爲求名而竊詩也。再如和州某道士曾冒雍孝聞之名，過東坡墓題詩「文星落處天地泣」云云一首，其後並冒此名而得祐陵之幸〔註11〕；乃好事者冒名而作詩也。

　　欲陷人於罪而作僞者，如鄒浩曾諫哲宗立劉后事，既而焚其諫草，蔡京遂使其黨僞作浩疏，言劉后殺卓氏而奪其子，而陷浩於罪〔註12〕；乃爲陷人於罪而作僞疏

〔註5〕說見清楊紹和《楹書隅錄》卷五。
〔註6〕說見《四庫提要》卷一百五十三《盱江集》提要。
〔註7〕說見《四庫提要》卷一百五十八《北山集》提要。
〔註8〕說見宋吳子良《荊溪林下偶談》。
〔註9〕說見宋陳善《捫蝨新話》卷八。
〔註10〕說見《苕溪漁隱叢話》前集卷五十四。
〔註11〕說見宋王明清《玉照新志》。
〔註12〕說見《宋史》卷三百四十五〈鄒浩傳〉。

也。又如理宗朝寶慶初，史彌遠廢立之際，或者改劉子翬「汴京記事」一聯「夜月
池臺王傅宅，春風楊柳太師橋」爲「秋雨梧桐皇子宅，春風楊柳相公橋」，語犯巴陵
及史彌遠，而誣爲敖陶孫所作，陶孫由此坐罪〔註13〕；乃欲陷人於罪而改人詩也。

　　因欲順己意而輕改人書者，宋人已曾言之。蘇東坡云：「近世人輕以意改書，鄙
淺之人好惡多同，故從而和之者眾，遂使古書日就訛舛。」〔註14〕。又云：「世之
蓄某詩文者多矣，率眞僞參半，又多爲俗子所改竄，讀之使人不平。然亦不足怪，
識眞者少，蓋從古所病。」〔註15〕，蓋亦一時風氣使然也。

　　此外，如修道羽士之流依託道士黃希旦之名作《支離子集》一書，以示鍊氣長
生之說爲可信〔註16〕；則欲申揚其信仰而作僞也。如蘇軾曾託花蕊夫人之名作詩〈冰
肌玉骨清無汗〉云云一首以自解〔註17〕；則欲自隱其事而託名作詩也。如陳仁子曾
自編《牧萊脞語》一書，而初稾託題門人李懋宣所編，二稾託題門人譚以則所編〔註
18〕；則欲隱自編之事以示其詩文之可重也。如朱淑眞《斷腸集》前有明田藝蘅〈紀
略〉一篇，中多傳聞之詞〔註19〕；則好事者附會傳聞而渲染其事也。

三、編者失考而誤收他作

　　宋集之編撰，常有誤入他作或誤題他名之事，此多由編者之誤認所致也。而探
究導致誤認之原因，又由三端：一爲涉於作者身世之關係而誤認，二爲涉於作者之
名號而誤認，三爲涉於作者詩文風格而誤認。

　　涉於作者身世之因素而誤認者，多誤收作者之詩鈔或作者親友之作。如王安石
喜抄他人詩文，或置於座右，或書之方冊間，或題於山寺屋壁，故其集中誤收之篇
章甚多（詳第一章第一節）；又如黃庭堅喜摘古人詩句以成詩，故其集中亦間誤入此
類僞作（同上）；此涉於作者創作習慣而誤收也。如蘇軾《東坡續集》卷二〈過嶺寄
子由〉三首中〈山林瘴露老難堪〉一首，見於《欒城後集》卷二，實其弟子由之作，
而誤入之（詳本集）；又如崔敦禮《宮教集》卷五有〈進重刪定呂祖謙所編文鑑箚子〉
一首，當爲其弟敦詩之文，而誤入之〔註20〕；此因其弟之詩文而誤收也。如蘇軾《東
坡續集》中〈颶風賦〉、〈思子臺賦〉、〈士燮論〉、〈屈到嗜芰論〉等文多首，實皆軾

〔註13〕說詳宋周密《齊東野語》卷十六，元方回《瀛奎律髓》卷二十。
〔註14〕見舊題宋蘇軾《仇池筆記》卷上。
〔註15〕說見《苕溪漁隱叢話》後集卷二十八引。
〔註16〕說見《四庫提要》卷一百七十四《支離子集》提要。
〔註17〕說見宋周紫芝《竹坡詩話》。
〔註18〕同註16《牧萊脞語》提要。
〔註19〕同註16《斷腸集》提要。
〔註20〕說見《四庫提要》卷一百五十九《宮教集》提要。

子過之作，而誤入之（詳本集），此因其子之文而誤收也。如《東坡續集》卷一有〈雷州〉詩八首，實軾門下士秦觀之作，而誤入之〔註21〕；又如黃公紹《在軒集》〈書在軒銘後〉一篇，文中「記詞曰」以下，乃其友吳昇之文，而併載之〔註22〕；此因其友之文而誤收也。如王銍《雪溪集》載〈國香詩〉二首，一原唱，一次韻，次韻為銍作，原唱者失名，而併載之〔註23〕；此因唱和之作而誤收也。

　　涉於作者之名號而誤認者，多因兩作者有相同之名號而致混淆。如廖行之《省齋集》，潛敷敬跋稱其表啓多互見於周必大集中，蓋以必大亦有省齋之名，故相混淆（科按：後人知其誤載，今本皆已刊除）〔註24〕；此作者名號相同而致相亂也。如宋人〈遊文潞公曲水園〉詩，《風月堂詩話》作晁迥作，《石林詩話》作賈昌朝作，以二人皆諡文元，故相亂而不得主名；此諡號相同而致混淆也。如許崧老作〈陳少陽哀詞〉，《四庫全書總目提要》以為乃許景衡之佚篇〔註25〕，蓋二人同稱許右丞，故誤認之〔註26〕；此同姓同官名而致冒認也。

　　涉於作者詩文風格而誤認者，多誤收風格相近之他作。如宋時傳本《東坡集》中有〈申王畫馬圖詩〉，乃蔡天啓之作，氣格有類東坡，世因誤認之〔註27〕。又如秦觀《淮海集》中〈雷州〉八首，氣格與東坡相類，後人誤編之《東坡集》中，而不能辨別〔註28〕。再如翟汝文與孫覿為文體格相近，故孫覿《鴻慶集》宋時傳本中多誤收汝文之作〔註29〕。又如林景熙《林霽山集》中〈夢中作〉四首，以詞格與景熙他詩相類，而不能遽定是否都屬唐珏之作〔註30〕。皆是其例也。

　　綜上所述，可知編者之輕忽而誤收偽作，皆有導致其誤謬之因由也。

四、抄刻訛誤

　　大抵言之，宋集抄刻之訛誤，或由於校勘之不精，或由於抄刻之筆誤，而二事互為因果。刻書而校勘之不精，則一書傳本愈多，異同愈甚，如《四庫全書考證》所校，凡有異本者，字句之異同，無集無之。其字句訛誤之甚者，則跡近偽作，如

〔註21〕說見《四庫提要》卷一百五十四《淮海集》提要。
〔註22〕說見《四庫提要》卷一百六十五《在軒集》提要。
〔註23〕說見《拜經樓藏書題跋》。
〔註24〕說見《四庫提要》卷一百六十一《省齋集》提要。
〔註25〕說見《四庫提要》卷一百五十六《橫塘集》提要。
〔註26〕說見余嘉錫《四庫提要辨證》卷二十二。
〔註27〕說見《苕溪漁隱叢話》前集卷三十七。
〔註28〕同註21。
〔註29〕說見《四庫提要》卷一百五十六《忠惠集》提要引周必大序
〔註30〕說見《四庫提要》卷一百六十五《林霽山集》提要。

清陸心源《皕宋樓藏書志》（卷八十四），有舊抄本周紫芝《太倉稊米集》，末有陳公紹跋，稱宋乾道間，紫芝鄉人陳天麟刻其書，以校勘之不精，刻畫之舛錯凡三百八十五，而譌字千餘，直可謂毀書而非刻書矣。是故清代學者多有據善本、古本以校世行傳本之誤者，如陸心源《儀顧堂題跋》有〈寇忠愍詩集跋〉，云：「以舊抄本校之，得正譌字數十處。」又如清瞿鏞《鐵琴銅劍樓藏書目錄》（卷二十）有宋刊殘本《和靖先生集》一卷，足以校正明刻四卷本之舛訛者凡五十六處。再如瞿書（卷二十一）又有宋刊本《增廣箋註簡齋詩集》三十卷，其字句互異足以訂正官本者凡二十六處。皆是其例也。抄刻之致筆誤，其常見者有倒文、衍文、脫文、與字畫舛錯數端。而其致之之由，或因作者竄易己作甚多，致抄者傳誤，如陳師道之詩是也；或因作者之作淵奧，傳寫者不解文義而妄抄妄改，如夏竦之文是也〔註31〕，而其最習見者則因傳抄者之輕忽，致而涉形、涉音、涉義而誤其字也。

類上所述，屬字之舛訛，猶可謂之誤，不必爲偽，可列爲校讎之範圍，不必隸屬辨偽之對象。然若以上述之故，以致撰者姓名訛誤或集名篇題訛誤，則常招讀者之誤認，而不可不辨矣。

其爲撰人名字訛誤者，如《郴江百詠》一卷，作者名號所傳不一：有作阮閱字閬休者，有作阮閎字閬休者，有作阮閱字閎休者，有作阮閱休字美成者；《四庫提要辨證》卷二十二以諸書考之，以爲：「當作阮閱，字閎休，一字美成，號散翁，又號菊隱。其作阮閎字閬休、阮閱休者，皆傳寫字誤也。」說較可信。此作者名號因涉文而致字誤也。又如《心泉學詩稾》六卷，作者之名所傳音同字似者數種：有作蒲壽宬者，有作蒲壽晟者，有作蒲壽宬者；《四庫全書總目提要》云：「今案《永樂大典》，卷卷皆作宬字，當非偶誤，其作晟宬者，殆傳寫誤也。」〔註32〕其說有據。此作者之名因音同而致字誤也。再如清厲鶚《宋詩紀事》卷五十九有蘇石〈輓姜夔詩〉一聯，今見蘇洞《泠然齋集》中，《四庫全書總目提要》據以辨之云：「殆必原書題作蘇召叟，傳寫者脫去叟字，又誤召爲石，遂致輾轉沿訛，莫能是正。」〔註33〕所說甚切情理。此作者別本所題字號因脫文併致字誤也。如范浚《香溪集》，四庫著錄本題爲門人高梅所編；《四庫全書總目提要補正》卷四十八云：「陸氏藏書志有元刊本，題門人高梅編，則『栴』乃『梅』之誤。」所說有據。此編者之名因涉形而致字誤也。如司馬光《傳家集》，集前有宋劉嶠序一篇，而清世行本誤爲劉隨〔註34〕。此別本序者之名傳寫字

〔註31〕說見《四庫提要》卷一百五十二《文莊集》提要。
〔註32〕見卷一百六十五
〔註33〕見卷一百六十三。
〔註34〕說見清瞿鏞《鐵琴銅劍樓藏書目錄》卷二十。

誤也。如《王荊公詩註》，宋李壁註，而《宋史》及諸刊本，壁或從玉作璧，《四庫全書總目提要》云：「壁爲李燾第三子，其兄曰垕曰塾，其弟曰𡐠，名皆從土，則作璧誤也。」〔註35〕說可據信。此註者之名因涉形而致字誤也。

　　其爲書名篇題之訛誤者，如李彌遜《筠溪集》，四庫著錄所據之本題爲《竹溪集》，提要考之云：「舊本原題《筠溪集》。筠溪者，其歸連江時所居之地，彌遜以自號，因以名集。集中有〈筠溪集跋〉，敘其始末甚明。《宋史・藝文志》載《彌遜集》二十四卷，亦名曰《筠溪》，可以互證。」〔註36〕所考可據。此書名因脫筆畫而致字誤也。如蘇軾《東坡前集》卷一有〈太白山下早行至橫渠鎮書崇壽院壁〉一首，坊刻《五言千家詩》選之，題作「太白山中早行」六字，詩後半全無著落〔註37〕。此別本詩題脫文而致題誤也。

　　類上所述，其跡已近僞撰，故略舉實例而辨正之，其各集詳目則具列本章第三節中。

第二節　宋代僞撰別集之作僞方式

　　宋集之作僞方式雖甚多樣，概括言之，則不外三類：依託撰者、改造內容、僞作板本。此三者皆欲欺世者之所爲，故特爲之辨析。至若編者誤收，抄刻訛誤之類，固皆屬輕忽而致僞，其情狀多於上節舉例明之矣，故不另論，此類僞集篇章目錄具詳下節輯目。

一、依託撰者

　　依託撰者之方式，不外依託作者、依託編者、依託註者、依託序跋者數種。

　　依託作者之法，有冒題者，如蘇過有《斜川集》十卷，世傳之本久佚，作僞者乃抄出劉過《龍洲集》中詩，改其名曰《斜川集》，冒題爲蘇過之作〔註38〕，是也。有託名者，如《支離子集》一書，實㐫壇道士所作，而託名爲九天彌羅眞人黃希旦之書〔註39〕，是也。有以自作詩篇而託爲他人之作者，如蘇軾曾作詩〈冰肌玉骨清無汗〉云云一首，而託爲花蕊夫人之作以自隱〔註40〕；又如釋惠洪曾作〈韻勝不減

〔註35〕見卷一百五十三。
〔註36〕見卷一百五十四。
〔註37〕說見清歐陽泉《點勘記》卷下。
〔註38〕同註4。
〔註39〕同註16。
〔註40〕同註17。

秦少游〉云云一首，而託爲黃庭堅贈己之詩以自重〔註41〕；皆是也。

依託編者之法，有託名於原編者，如宋任淵所編《山谷精華錄》早佚，又經明人復編，已非宋時舊物，而尚託名淵所編〔註42〕，是也。有託名於門人者，如陳仁子《牧萊朓語》一書，本自編成書，而託名爲門人李懋宣、譚以則所編〔註43〕，是也。有託名於名家者，如有好事者編輯六朝與唐人詩句，爲五七言近體詩一編，曰《藥闌集》，而託名爲辛棄疾所編〔註44〕，是也。

至若依託註者者，如宋時有好事者作《杜詩故事》，而託名爲蘇軾所作〔註45〕；又如宋趙夔曾有《東坡詩集註》，書肆輒改題王十朋之名以行（詳上節）；則假借名家以欺世也。其依託序者，如朱淑眞《斷腸集》，前有作者紀略一篇，乃好事者附會傳聞妄說而爲之，而託名明田藝蘅所作〔註46〕；又如熊禾《勿軒集》，前有後人所僞作序，年月錯謬，而託名元許衡所作〔註47〕；則假借名家以炫俗也。

二、改造內容

改造內容之方式，約可分僞作其書、增刪竄改，改換集名篇題、僞作序跋數種。

僞作其書之法，有抄出他人集中數卷，合以部份眞作而成一書者，如舊題洪邁《野處類藁》，實抄出朱松《韋齋集》卷一卷二中詩，併《宋詩紀事》所錄邁自作詩七首，而合爲一編〔註48〕，是也。有雜鈔諸書以僞爲一人之作者，如舊題方鳳《方韶卿集》，實雜抄《宋遺民錄》與汪元量詩，而湊以成書〔註49〕，是也。有個人別集中雜入他人之作者，如王安石之詩文集、蘇東坡之詩文集、黃山谷之詩集，常雜以他人之作；而宋代偽撰別集，亦以此類僞況爲多，其詳具見下節「集中篇章有僞」、「別本篇章有僞」二段。有輯無名逸詩入於本集以欺世者，如宋時有好事者輯無名逸詩六十六首附於花蕊夫人詩卷末以亂眞〔註50〕，是也。有取他人代作入於本集而不言者，如尹焞《和靖集》中多有門人代作而不言明，致假手眞筆漫不能分〔註51〕，是也。有引後人評論之

〔註41〕同註9。
〔註42〕同註16《精華錄》提要。
〔註43〕同註18。
〔註44〕同註16《藥闌集》提要。
〔註45〕說見《直齋書錄解題》卷十九。
〔註46〕同註20。
〔註47〕同註22。
〔註48〕說見清陸心源《儀顧堂集》卷十八。
〔註49〕同註16《方韶卿集》提要。
〔註50〕說見《苕溪漁隱叢話》後集卷三十九。
〔註51〕說見《四庫提要》卷一百五十七《和靖集》提要引《朱子語類》。

語入於集中者，如蘇軾宋時傳本《東坡大全集》中有詩評兩卷，中間既有坡說，復有後人論坡者，而一切以坡語槩之〔註52〕，是也。有傳抄者欲於集中雜入贋跡者，如清楊紹和藏舊抄本米芾《寶晉英光集》，後有明戒菴老人跋，稱是本已爲張青甫改竄，雜取吳中贋跡增至十卷，恐其亂眞，亟索故本錄之，云云〔註53〕，是也。有僞作輿圖插頁集中者，如舊本范仲淹《范文正集》中有宋世北疆輿圖一幅，實原本所無，乃後人據後世地勢繪以增附者〔註54〕，是也。另有單篇之作僞者，如釋惠洪之僞作山谷贈己詩，譚知柔之竊吳可詩爲己作，某道士之冒雍孝聞名而作詩，好事者之改劉子翬詩爲敖陶孫作，皆是其例，此於上節已論之矣，不贅。

　　竄亂刪改之法有竄亂全集者，如明左贊編李覯《旴江集》，於集中各文增竄《孟子》之言（説詳上節）是也。有增添改換集中詩文者，如《捫蝨新話》（卷六）所稱：宋時書肆竄改東坡詩文，以求速售，而官不之禁，是也。有選註本中割裂原詩而成篇者，如清查愼行《補注東坡編年詩》，割裂〈李白寫眞〉一首爲二首〔註55〕；又如《山谷精華錄》選錄黃庭堅詩，割裂〈雙井茶〉之前半爲絕句一首，改題爲〈內直觀化〉〔註56〕；皆是其例也。有選本中湊合本集中詩文而成篇者，如《山谷精華錄》中取本集〈書幽芳亭〉文中一段，增以數語，成〈江南修水記〉一篇〔註57〕；又如宋羅椅選陸游詩爲《放翁詩選》，湊合《劍南詩稾》〈遊仙〉七絕三首成七古一首〔註58〕；皆是其例也。有割裂原本案語附於題下，亂原本體例者，如四庫著錄本蔣堂《春卿遺稾》，本以《吳都文粹》爲藍本，往往割裂《文粹》所作案語附於題下，似序非序，甚非體例〔註59〕是也。

　　僞作註解之法，有假造史實、虛造古詩，僞造古語以註古集，而依託於名家者，如宋時有題東坡《杜詩故事》一書，宋之朱翌〔註60〕、葛立方〔註61〕、胡仔〔註62〕、

〔註52〕説見余嘉錫《四庫全書總目提要補正》卷四十六引李治《古今黈》。
〔註53〕同註5。
〔註54〕同註52卷四十五引沈垚。
〔註55〕説見《四庫提要》卷一百五十四《東坡全集》提要。
〔註56〕同註42。
〔註57〕同上註。
〔註58〕陸游原詩在《劍南詩稾》卷十五。
〔註59〕説見《儀顧堂集》卷十七。
〔註60〕《猗覺寮雜記》卷上。
〔註61〕《韻語陽秋》卷十六。
〔註62〕《苕溪漁隱叢話》前集卷十一。

孫覿〔註63〕，朱熹〔註64〕、洪邁〔註65〕、嚴羽〔註66〕，或言其假造史實，或言其僞作古代話語，或言其虛造古詩，用之以註杜甫之詩，而託以東坡之名；故陳振孫謂其「隨事造文，一一牽合，而皆不言其所自出。且其辭氣首末若出一口，蓋妄人依託，以欺亂流俗者」〔註67〕；是也。

有雜取諸書，隨註一集，而託之於名家者，如《九家集註杜詩》，乃宋代書肆取其時論詩之書之及於杜詩者，雜爲杜詩之註，而題王洙、宋祈、王安石、黃庭堅、薛夢符、杜田、鮑彪、師尹、趙彥材九人爲註者〔註68〕；是也。有取一人之註而改題另人之名者，如舊題《王狀元蘇詩集注》，實宋趙夔所撰，而書肆改題王十朋之名以重之（說詳上節）；是也。

改換集名篇題，僞作序跋之事亦常見之。改換集名者，如司馬光之作，宋刊本稱《溫國文正司馬公文集》而後人改題《傳家集》〔註69〕；是也。改換篇題者，如蔣堂《春卿遺稾》，《吳都文粹》本有〈吳王墓〉一首，而改題爲〈虎邱山〉，其〈靈芝坊〉二首改題爲〈謝李兵部〉，多近臆撰〔註70〕；是也。僞作序文者，如陳康伯《陳文恭公集》前有託爲朱熹所作之原序，乃出僞作〔註71〕；是也。僞作跋文者，如毛晉刻《二家宮詞》〔註72〕，宋徽宗卷末有帝姬長公主跋，顯出依託〔註73〕；是也。

三、僞作板本

板本作僞，與其書之內容關涉較少。其作僞目的，多欲以新本冒舊本，以殘本節本冒足本，以達欺人之效。其作僞方法，則有多端。

析而論之，有僞作來歷以證其本來源甚古者，如明萬曆刊本《蘇軾東坡外集》，前有明焦竑序，載坡公集名二十四種，多無根據，而稱其本傳自秘閣，以示其書來歷甚古，是也。

〔註63〕宋趙與峕《賓退錄》引其語。
〔註64〕《晦庵題跋》卷三。
〔註65〕《容齋隨筆》卷一。
〔註66〕《滄浪詩話》〈考證篇〉。
〔註67〕同註45。
〔註68〕說見程會昌《目錄學叢考》〈杜詩僞書考〉。
〔註69〕說見《鐵琴銅劍樓藏書目錄》卷三十。
〔註70〕說見《儀顧堂集》卷十七。
〔註71〕同註16《陳文恭公集》提要。
〔註72〕此書《四庫全書總目》雖入集部總集類四，實爲二人合集，故可視爲二家別集。
〔註73〕說見《四庫提要》卷一百八十九《二家宮詞》提要。

　　有抄者改序文中所言卷數，以殘本充足本者，如魏野《東觀集》十卷，故宋薛田序其集，亦當云十卷。後佚去三卷，鈔者視其書惟七卷，而序云十卷，即成殘本，故改序中十字爲七字，以示七卷爲足本，欲以欺人〔註74〕；是也。

　　有改殘本卷次數字以充足本者，如清張金吾所藏宋刊本《經進東坡文集事略》殘本二十九卷，其中卷二十一至二十七，每卷「二」字皆似「五」字所改，蓋欲使人不知其書本有五十餘卷，而以二十餘卷即爲足本〔註75〕；是也。

　　有分析原本之卷數以足原數者，如劉克莊《後村居士集》，清世傳抄本已非全帙，而抄者乃分析卷第而增其卷數，以符舊志所言之數〔註76〕；是也。

　　有仿宋人板式欲冒宋本者，如《天祿琳琅書目》有元板《東坡七集》一部，密行細書，係仿宋巾箱本式，欲以之亂眞者；是也。

　　有刪去新刻義例，隱去刻序，惟存古人之序，欲冒古本者，如清光啓堂所刻黃庭堅《山谷正集》，刪去明方子及本義例，並隱去方序，欲冒明以前之本〔註77〕；是也。

　　有取除覆刊本中後人之序以充古刻本者，如羅振常所見覆宋刊本徐積《節孝先生集》，集前原有清王邦采序，書賈取除其序，欲僞充眞宋本〔註78〕；是也。

　　有剗去新本刻書堂名以冒舊本者，如清孫星衍所藏元板《百家註東坡詩集》，板式甚古，書後有廬陵某書堂新刊墨印，賈人剗去此印，欲充宋刻〔註79〕；是也。

　　有削去某書名「外集」字以充全集者，如周麟之有《海陵集》二十三卷，外集一卷，書賈取外集一卷，削去「外集」二字，別作僞帙以充全集〔註80〕；是也。

　　有以節註本充足註本者，如清海鹽張宗松所雕宋李壁《箋註王半山詩集》，乃元劉辰翁節本，已失壁註本來面目〔註81〕；是也。

　　其餘之作僞方式，尚有本爲宋本，無知者又僞刻宋人題記欲充宋本者，如傅增湘所藏宋萬卷堂刊本《王狀元集諸家註分類東坡先生詩》。有改明刻本序跋年月以僞充宋刻者，如《天祿琳琅書目》所著錄之明成化四年吉州知府程宗刻本《東坡集》。有於明本板心補印宋代年號以充宋本者，如國立中央圖書館所藏明覆宋本《山谷老

〔註74〕說見《四庫提要辨證》卷二十一。
〔註75〕說見清張金吾《愛日精廬藏書志》卷三十。
〔註76〕同註69。
〔註77〕說見沈曾植《海日樓題跋》卷一。
〔註78〕說見《善本書所見錄》卷四。
〔註79〕說見《廉石居藏書記內篇》卷上。
〔註80〕同註16《別本海陵集》提要。
〔註81〕說見清吳騫《拜經樓詩話》卷二。

人刀筆》。有後人於時本渲染紙色，造爲古式，偽鑄古刻鈐印，以充宋本者，如《四庫全書總目》存目之《斜川集》。則皆已說於上節，不另詳述。

第三節　宋代偽撰別集之種類及其輯目

宋集之偽撰，就其作偽性質而論，可分撰者依託，其書偽作，板本有偽三類。

撰者依託與其書偽作互爲表裏，合而論之，可以其書之作偽多寡論之。宋集之作偽，有全書皆偽者、有部份篇章有偽者、有別本篇章有偽者、有二人集互見者、有別本二人詩篇互見者、有經改竄偽亂者、有編撰爲偽者、有評註爲偽者、有序跋爲偽者、有篇題有偽者、有集名偽誤者、有撰人姓名訛誤者十二種。

板本之偽又可分內容之偽與形制之偽二種。內容之偽與上述作偽情況雷同，可併而述之；形制之偽，則創立一目。板本之偽，多指別本而言；本節所謂別本，指與作者本集不同之本，其義有三：若某人詩文前已成集，見諸舊籍記載，而其面目與今見本不同，此類舊時之本，原有其書，然今已佚，故謂之別本，此其一；若某人部份詩文尚存總集選集中、或爲文評之書所引述，無論其人有否本集、或其本集尚存與否，此類詩文亦有別集之實，故謂之別本，此其二；若某人別集傳本有二本以上，其中一本之內容，形制與其他之本違異，而爲各家書志所糾者，此類與原本不一，故亦謂之別本，此其三。

本節僅據宋集之作偽情況析爲十三類，並據偽集之種類而輯列其書之作者與集名：本集有偽者列前，並著其書之卷數；別本內容有偽者附次，其書之卷數則略之；而各略述其書之偽況於目下。其一人集中偽況有數種者，於數類之中複著其目，其篇章有偽者附列其篇題，其別本有偽者註明其板本；而各書目之下則間附註取說之依據，以清眉目焉。

一、全書皆偽

舊題郭祥正《青山續集》七卷

合錄郭祥正詩二卷，孔平仲詩五卷，以當祥正之作。

舊題黃希旦《支離子集》一卷

南宋道流所依託〔註82〕。

舊題蘇過《斜川集》十卷

〔註82〕同註16。

蘇過《斜川集》有傳錄舊抄本六卷。此十卷本乃清代書肆抄錄劉過《龍洲集》中詩，而冒題《斜川集》之名〔註83〕。

舊題洪邁《野處類藁》二卷

清乾隆中葉書估抄撮朱松《韋齋集》卷一卷二詩，合邁作數首而成〔註84〕。

舊題楊萬里《錦繡論》二卷

宋代書肆僞作〔註85〕。

舊題幸元龍《松垣集》十一卷

明代元龍後裔僞託〔註86〕。

舊題方鳳《方韶卿集》一集

清代書肆雜湊《宋遺民錄》與《汪元量詩》，僞作而成〔註87〕。

舊題鄭思肖《心史》七卷

明末僧人達始僞作〔註88〕。

二、集中篇章有偽

潘閬《逍遙集》一卷

詩篇偽：〈古意〉一首，已見於唐殷璠編《河嶽英靈集》卷中、蜀韋縠編《才調集》卷一，乃唐崔國輔之作〔註89〕。

林逋《和靖詩集》四卷

詩篇偽：卷二〈西湖春日〉、〈春陰〉各一首，乃王安國之作〔註90〕。

梅堯臣《宛陵集》六十卷

詩篇偽：卷二十一〈同梅二十五飲永叔家觀所抄集近事〉一首，乃劉敞之作〔註91〕。

劉敞《公是集》五十四卷

詩篇偽：卷二十八〈絕句〉一首，又見《彭城集》卷十八，題作〈新晴〉，乃劉

〔註83〕同註4《斜川集》提要。

〔註84〕同註48《野處類藁》書後〉。

〔註85〕同註16《錦繡論》提要。

〔註86〕同註16《松垣集》提要。

〔註87〕同註49。

〔註88〕說據劉兆祐《心史的著者問題》，文載《書目季刊》三卷四期，民國58年6月出版。

〔註89〕同註74。

〔註90〕說見清厲鶚《宋詩記事》卷二十四引《瀛奎律髓》。

〔註91〕此詩題下附註劉敞之名，當是劉敞之作誤編入此集。

放之作〔註92〕。

劉攽《彭城集》四十卷

詩篇偽：卷十八〈考試畢登銓樓〉一首，乃梅堯臣之作〔註93〕。

鄭獬《郧溪集》三十卷

詩篇偽：卷二十七〈奉詔赴瓊林苑燕餞太尉潞國文公出鎮西都〉、〈送程公闢給事出守會稽兼集賢殿修撰〉、〈寄程公闢〉、〈送公闢給事自青州致政歸吳中〉各一首；一、四首又見《華陽集》卷三，二、三首又見《華陽集》卷四，四首皆王珪之作〔註94〕。

周敦頤《周元公集》九卷

文篇偽：〈愛蓮說〉一篇〔註95〕。

《孔文仲集》

詩篇偽：〈早行〉一首，為孔平仲之作〔註96〕。

王安石《臨川集》一百卷

文篇偽：文集卷四十六〈相鶴經〉一篇〔註97〕。

詩篇偽：詩集卷二十三〈落星寺在南康軍江中〉一首，乃章傳道之作〔註98〕。卷二十二〈次韻平甫金山會宿寄親友〉一首、卷三十三〈臨津〉一首，皆王安國之作〔註99〕。卷二十七〈竹裏〉一首，乃詩僧顯忠之作〔註100〕。卷三十〈春江〉一首、卷三十一〈江甯夾口〉第三首，皆方惟深之作〔註101〕。卷三十四〈嘲叔孫通〉一首，乃宋祈之作〔註102〕。詩集拾遺，〈夏旼扇〉一首，乃唐人之作。〔註103〕

〔註92〕據宋劉克莊《後村大全集》卷一百七十四，祝穆《事文類聚》後集卷二十一，當為劉攽之作

〔註93〕據宋晁說之《晁氏客語》，無名氏《愛日齋叢鈔》卷三，此首為梅堯臣之作，《宛陵集》失收。

〔註94〕參見錢鐘書《宋詩選註》「鄭獬」詩註。

〔註95〕說見清江昱《瀟湘聽雨錄》。

〔註96〕文仲、平仲集皆在《清江三孔集》，此首又見平仲集卷二，清吳之振《宋詩鈔》《平仲詩鈔》據《孔氏遺棄》平仲親書，斷為平仲之作，說是。

〔註97〕此篇末云：「熙寧十年正月一日，臨川王某筆。」則此篇非安石自作。

〔註98〕說見宋阮閱《詩話總龜》前集卷二十九引《王直方詩話》載劉咸臨說。

〔註99〕說見《苕溪漁隱叢話》前集卷三十四引《西清詩話》。

〔註100〕同上註書卷五十七引《洪駒父詩話》。

〔註101〕說見《宋詩紀事》卷三十六引《中吳紀聞》、《蒲陽文獻》。

〔註102〕據宋吳曾《能改齋漫錄》卷八、清錢大昕《十駕齋養新錄》卷十四。

〔註103〕據《能改齋漫錄》卷十一。

蘇軾《東坡全集》一百十五卷

文篇僞：《東坡續集》卷三〈颶風賦〉、〈思子臺賦〉、各一首，卷八〈士燮論〉、〈屈到嗜芰論〉各一篇，卷十二〈東交門箴〉一首，皆蘇過之作〔註104〕。

續集卷十二〈睡鄉記〉、〈醉鄉記〉二篇，非東坡自作，〈葉嘉傳〉一篇，乃陳表民之作〔註105〕。同卷〈杜處士傳〉、〈萬石君羅文傳〉、〈江瑤柱傳〉、〈黃甘綠吉傳〉、〈溫陶君傳〉各篇，皆南宋時好事者託名〔註106〕。

《奏議集》卷十五〈代滕甫辨謗乞郡箚子〉一篇，乃王素之作〔註107〕。

詩篇僞：《東坡前集》卷八〈宿逍遙堂追感前約作二小詩〉二首，卷十〈中秋見月寄子瞻兄〉一首；後集卷五〈次韻子瞻兄月中梳頭〉一首；續集卷二〈過嶺寄子由〉第三首；皆蘇轍之作〔註108〕。《東坡前集》卷十二〈題織錦圖上回文〉三首，非東坡自作〔註109〕。

《東坡續集》卷一〈雷州〉八首，〈揚州以土物寄少游〉一首；卷二〈絕句〉三首，〈竹枝詞〉一首；卷三〈虛飄飄〉第三首；皆秦觀之作〔註110〕。

續集卷二〈東園〉一首，〈贈仲勉子文〉一首；卷三〈虛飄飄〉第二首；皆黃庭堅之作〔註111〕。

續集卷二〈申王畫馬圖〉一首，乃蔡肇之作〔註112〕。

續集卷二〈題懷素草帖〉一首，乃唐僧懷素之作〔註113〕。

續集卷二〈僕年三十九在潤州道上過除夜作此詩又二十年在惠州錄之以付過〉

〔註104〕二賦皆見《斜川集》卷四，二論一箴見《斜川集》卷六。

〔註105〕說見宋陳善《捫蝨新話》卷六。

〔註106〕說見宋葉夢得《避暑錄話》卷四。

〔註107〕說見宋王銍《四六話》卷上。

〔註108〕〈宿逍遙堂〉二首又見《欒城集》卷七，題作〈逍遙堂會宿二首并引〉。〈中秋見月〉一首、〈次韻〉一首乃子由和詩。〈過嶺〉一首又見《欒城後集》卷二。

〔註109〕據清茆泮林、王敬之、金長福合纂《淮海文集考證》引《苕溪漁隱叢話》，此三首皆東坡抄錄他人之作。

〔註110〕〈雷州〉八首，與《淮海集》卷二〈雷陽書事〉三首之一、三及〈海康書事〉六首內容全同。〈揚州以土物寄少游〉一首，又載《淮海集》卷三，題作〈以尊薑法魚糟蟹寄子瞻〉，載《淮海集》者為著題。〈絕句〉之一、二又見於《淮海集》卷五，題作〈處州水南庵〉，其三為《淮海集》卷五〈四時四首贈道流〉之二。〈竹枝詞〉一首，《侯鯖錄》作秦觀。〈虛飄飄〉第三首見《淮海集》卷三，題作〈和虛飄飄〉。

〔註111〕〈東園〉一首又見於《山谷內集》卷十三，題作〈次韻黃斌老晚游池亭〉二首之二。〈贈仲勉子文〉一首又見於《山谷內集》卷十五，題作〈和高仲本喜相見〉。〈虛飄飄〉第二首，據《淮海集》卷三〈和虛飄飄〉附詩，乃黃庭堅原唱。

〔註112〕據《苕溪漁隱叢話》前集卷三十七。

〔註113〕《宣和書譜》及《戲鴻堂法帖》均載懷素書此帖，或東坡臨之，後人以為其自作。

一首，乃關澥之作〔註114〕。

黃庭堅《山谷詩集》三十九卷

詩篇偽：內集卷十二〈謫居黔南〉十首，乃唐人白居易之作〔註115〕。外集卷十五〈題畫鵝鴈〉一首，乃古人詩〔註116〕。別集卷上〈雜吟〉一首，乃唐僧寒山之作〔註117〕。

張耒《宛丘文集》六十卷

詩篇偽：卷八〈讀中興頌碑〉一首，乃秦觀之作〔註118〕；〈評書〉、〈評賈島〉各一首，乃歐陽修之作〔註119〕。

秦觀《淮海集》二十二卷

詩篇偽：正集卷四〈題閤求仁虛樂亭〉第一首，乃孫覺之作〔註120〕，第三首，乃僧道潛之作〔註121〕。後集卷上〈悼王子開〉五首，乃賀鑄之作〔註122〕。同卷〈寄公闢〉一首，乃王珪之作〔註123〕；〈呈公闢〉一首，乃王安石之作〔註124〕；〈無題〉一首，乃蘇軾之作〔註125〕；〈蘇子瞻記江南所題詩本不全余嘗見之記其五絕今以補子瞻之遺〉五首，非少游自作〔註126〕。

李廌《濟南集》八卷

詩篇偽：卷四〈再領玉局昔東坡在翰林作詩送戴蒙有玉局他年第幾人之句後自嶺外歸遂領玉局予復官亦得之坡今亡矣悵然有懷〉一首，乃李之儀詩〔註127〕。

游酢《游廌山集》四卷

〔註114〕據宋何蓮《春渚紀聞》，又參見本文第五章第三節。
〔註115〕據任淵註、《能改齋漫錄》卷三、《苕溪漁隱叢話》前集卷四十八，此十首皆山谷摘《白樂天集》卷十、卷十一中詩句而成詩。
〔註116〕據史容註引《王直方詩話》。
〔註117〕據史溫註及劉克莊《後村詩話》續集卷二。
〔註118〕據《淮海集》補遺引宋曾敏行《獨醒雜志》、元盛如梓《庶齋老學叢談》。
〔註119〕同註69書卷二十。
〔註120〕據明胡民表刊本《淮海集》此首題下註。
〔註121〕此首互見《參寥子集》卷上，詩意亦不合：參見本文第五章第二節。
〔註122〕據宋陸游《老學菴筆記》卷五，又參見本文第五章第四節。
〔註123〕此首互見《華陽集》卷四、《郟溪集》卷二十七，「郟溪集」條下已辨之。
〔註124〕此首互見《王安石詩集》卷十七。
〔註125〕此首互見《東坡前集》卷十三，爲〈南堂〉五首之第五首。
〔註126〕據題意，此五首乃錄詩，非自作。《淮海文集考證》引《苕溪漁隱叢話》，所云亦然。參見註109。
〔註127〕說據《四庫全書考證》卷七十八。

　　詩篇偽：卷四〈春日山行有感〉一首，似非自作〔註128〕。

畢仲游《西臺集》二十卷

　　文篇偽：卷一〈上編次官制卷目箚子〉一篇〔註129〕。

毛滂《東堂集》十卷

　　文篇偽：卷十〈佛鑑禪師語錄序〉一篇，乃晁補之之作〔註130〕。

尹焞《和靖集》八卷

　　文篇偽：《朱子語錄》謂「焞文字有關朝廷者，多門人代作，然今已不可辨」。

岳飛《岳武穆遺文》一卷

　　詩篇偽：〈送紫巖張先生北伐〉、〈池州翠微寺〉各一首〔註131〕。

王銍《雪溪集》五卷

　　詩篇偽：卷一〈國香詩〉二首第一首〔註132〕。

鄭剛中《北山集》三十卷

　　文篇偽：卷一〈諫議和奏疏〉、〈再諫議和疏〉、〈三諫議和疏〉、〈四諫議和疏〉、〈議和不屈疏〉、〈缺題〉一疏、〈申救胡銓疏〉七篇，皆剛中子良嗣所作〔註133〕

陳康伯《陳文恭公集》十三卷

　　文篇偽：遺文卷上〈謝敕命修家譜表〉一篇非自作〔註134〕。

呂祖謙《東萊集》四十卷

　　文篇偽：文集卷五〈答項平甫書〉一篇，乃傅夢泉之作；〈罵曹立之書〉一篇，乃陸九淵之作〔註135〕。

崔敦禮《宮教集》十二卷

　　文篇偽：卷五〈進重刪定呂祖謙所編文鑑箚子〉一篇，乃崔敦詩之作〔註136〕。

蔡戡《定齋集》二十卷

〔註128〕《四庫提要》卷一百五十五謂此詩中有「風詠舞雩正此日，雪飄伊洛是何年」之句，用程門立雪故實，疑非醇作，當是。
〔註129〕據《四庫提要》卷一百五十五《西臺集》提要。
〔註130〕此篇又載《雞肋集》卷六十九，文中有「補之聞之」之語，自是晁補之之作。
〔註131〕參見本文第五章第一節二、第四節二。
〔註132〕參見本文第五章第二節二。
〔註133〕參見本文第五章第三節三。
〔註134〕同註71。
〔註135〕說見《四庫提要》卷一百五十九引《朱子語類》。
〔註136〕參見本文第五章第三節二。

文篇僞：卷十七〈代趙儀可輓劉叔丙〉一篇，非自作〔註137〕。

孫應時《燭湖集》二十卷

文篇僞：卷一〈太守入境與文太師先狀〉一篇，非自作〔註138〕。

宋寧宗《楊皇后宮詞》一卷

詩篇僞：〈阿姊攜儂近紫薇〉一首，爲楊妹子之作〔註139〕。

吳潛《履齋遺稾》四卷

詩篇僞：卷二〈和呂居仁侍郎〉一首，非自作〔註140〕。

汪夢斗《北遊集》二卷

詩篇僞：卷上〈上故相留公〉一首、〈南園歌傷吳履齋舊景〉一首，皆非自作〔註141〕。

林景熙《林霽山集》五卷

詩篇僞：集中〈夢中作〉四首，乃唐珏之作〔註142〕。

羅公升《羅滄洲集》五卷

詩篇僞：卷一〈俗吏〉一首、〈得家問〉二首。卷二〈春日皇帝閣〉二首、〈端午皇帝閣〉、〈春日皇后閣〉、〈春日夫人閣〉、〈端午夫人閣〉各一首，〈燕城〉一首，皆非自作〔註143〕。

三、別本篇章有僞

《花蕊夫人詩》

宋時傳本詩篇六十六首僞〔註144〕。

林逋《和靖詩集》

清康熙中長洲吳調元校刊本附〈省心錄〉一卷，爲李邦獻之作〔註145〕。

曾鞏《元豐類稾》

明時傳本雜有僞篇〔註146〕。

〔註137〕說見《四庫全書考證》卷八十二。
〔註138〕參見本文第五章第四節一。
〔註139〕參見本文第五章第三節三。
〔註140〕參見本文第五章第四節一。
〔註141〕參見本文第五章第三節三、第五節二。
〔註142〕參見本文第五章第三節二。
〔註143〕參見本文第五章第三節二、第五節一。
〔註144〕同註50。
〔註145〕同註31《和靖集》提要。
〔註146〕說見清何焯《義門讀書記》引明何喬新《椒邱文集》。

王安石《臨川集》

　　宋時傳本詩篇僞：〈春殘密葉花枝少〉、〈不知朱戶鎖嬋娟〉、〈金殿獨酌〉、〈寄劉原甫〉〔註147〕、〈杭州呈勝之〉〔註148〕各一首。

劉敞《公是集》

　　新喻刻三劉文集文篇僞：〈趙氏金石錄序〉、〈泰山泰篆譜序〉各一篇〔註149〕。

劉攽《公非集》

　　新喻刻三劉文集文篇僞：〈輔弼召對序〉一篇〔註150〕。

蘇軾《東坡全集》

　　宋時傳本文篇僞：〈漁樵閒話〉十一事、〈詩評〉二卷〔註151〕，〈諫論〉二篇〔註152〕，〈登州上殿箚子〉三篇〔註153〕。宋時傳本詩篇僞：〈天地雖虛廓〉一首〔註154〕，〈老人行〉一首〔註155〕，〈夜涼江海近〉一首〔註156〕，〈題庾樓〉一首〔註157〕，〈水官〉一首、〈九日上魏公〉一首、〈送僧智能〉一首〔註158〕。清查慎行《補注東坡編年詩》誤入：〈鼠鬚筆詩〉一首、〈雙井白龍〉一首、〈山中日夕忽然有懷〉一首〔註159〕。

黃庭堅《精華錄》

　　詩篇僞：卷三〈西湖徙魚和蘇公〉二首〔註160〕，卷四〈新竹〉一首〔註161〕。

譚知柔《詩文篇》

　　宋時傳本詩篇僞：〈晚醉口占〉一首、〈印纍纍〉一首〔註162〕。

孫覿《鴻慶居士集》

〔註147〕同註99。
〔註148〕說見《瀛奎律髓》。
〔註149〕同註6《公是集》提要。
〔註150〕同註6《彭城集》提要。
〔註151〕同註52。
〔註152〕說見《苕溪漁隱叢話》後集卷二十八引《復齋漫錄》。
〔註153〕說見宋洪邁《容齋五筆》卷九。
〔註154〕說見《苕溪漁隱叢話》前集卷三十九。
〔註155〕說見前書後集卷二十八。
〔註156〕說見前書後集卷三十三。
〔註157〕說見宋周紫芝〈書張鐸民集後〉。
〔註158〕同註4引明焦竑〈東坡外集序〉。
〔註159〕說見《四庫提要》卷一百五十四。
〔註160〕二首又載《後山集》卷三，乃陳師道之作。
〔註161〕此首又載《劍南詩稾》卷五，題作〈東湖新竹〉，乃陸游之作。
〔註162〕同註10。

宋時傳本多誤收翟汝文之作〔註163〕。

朱熹《晦菴先生文集》

宋時傳本誤收張栻〈仁說〉一篇〔註164〕

釋道潛《參寥子集》

宋刻杭本多誤採他詩〔註165〕。

張詠詩

宋吳處厚《青箱雜記》載〈贈官妓小英歌〉一首，以爲詠作，實非〔註166〕。

陳彭年詩

舊傳詩篇僞：〈盡出花鈿與四鄰〉一首〔註167〕。

司馬光詩

舊題宋劉克莊《千家詩》誤選〈黃梅時節家家雨〉一首〔註168〕。

曾布夫人魏氏詩

舊傳詩篇僞：〈虞美人草行〉一首〔註169〕。

蔣穎叔詩

舊傳詩篇僞：〈三十六宮人第一〉一首〔註170〕。

張舜民詩

宋王闢之《澠水燕談錄》載舜民詩〈誰傳佳句到幽都〉一首、〈題蘇軾老人行役〉一首，皆非〔註171〕。

黃庭堅詩

古本《冷齋夜話》載詩篇僞：〈韻勝不減秦少游〉一首〔註172〕。

張耒詩

〔註163〕說見周必大〈鴻慶集序〉。
〔註164〕說見明嘉靖本《晦菴先生文集》〈仁說〉下小注。
〔註165〕說見清吳之振《宋詩鈔》〈參寥詩鈔序〉。
〔註166〕同註145。
〔註167〕據《能改齋漫錄》卷三，此首爲唐楊郇伯之作。
〔註168〕清歐陽泉《點勘記》卷下云此首爲南宋趙師秀之作。
〔註169〕此詩載《冷齋夜話》，《苕溪漁隱叢話》前集卷六十云此首爲許彥國之作。
〔註170〕此詩原題〈玉堂春日帖子〉，據《苕溪漁隱叢話》前集卷五十四引《西清詩話》，乃蔡京之作。
〔註171〕此二首皆蘇轍之作。
〔註172〕說見《四庫提要》卷一百二十《冷齋夜話》提要。

《蔡寬夫詩話》載詩篇僞：〈亭亭畫舸繫春潭〉一首〔註173〕。

廖瑩中詩

舊傳詩篇僞：〈仁者難逢思有常〉一首〔註174〕。

四、二人集互見

王安石《臨川集》與秦觀《淮海後集》

〈呈公闢〉一首互見。

陳師道《後山集》與張耒《宛丘集》

〈梅花〉絕句七首互見。

黃庭堅《山谷內集》與李之儀《姑溪居士集》

〈淡掃蛾眉簪一枝〉、〈只比江梅無好枝〉各一首互見。

林之奇《拙齋集》

〈新晴山月〉一首，《宋文鑑》作文同。又〈早春偶題〉一首，《宋文鑑》作崔鷗。

花蕊夫人宮詞與王珪宮詞

明時傳本相亂甚多〔註175〕。

《蔡天啟集》與《韓子蒼集》

宋時傳本〈題明皇上馬圖〉一首互見〔註176〕。

石柔《橘林集》與鮑欽止《夷白堂小集》

宋時傳本〈詠雪〉一首互見〔註177〕。

石柔《橘林集》與汪藻《浮溪集》

宋時傳本詩篇相犯甚眾。如：〈鳥聲應為故人好〉一首，〈山色總兼溪色好〉一首，〈負郭生涯千畝作〉一首，〈千里江山漁笛晚〉一首，〈日邊人去雁行斷〉一首，〈天闊雙鳥下〉一首，〈阻風于渡詠水晶數珠〉一首，〈次蘇養直韻寄黃元功〉一首、〈阻風雨避邪渡寄王仲誠〉一首，〈客至〉一首，〈夏夜示友人〉一首皆互見〔註178〕。

〔註173〕據《苕溪漁隱叢話》前集卷二十四、後集卷三十五、何谿汶《竹莊詩話》卷十七、祝穆《事文類聚》卷二十五、周紫芝《太倉稊米集》卷六十七，此首為鄭文寶之作。

〔註174〕說見《吳氏詩話》卷上。

〔註175〕說見《花蕊夫人宮詞》毛晉序。

〔註176〕說見《苕溪漁隱叢話》後集卷三十四。

〔註177〕說見前書後集卷二十六。

〔註178〕說見前書前集卷五十三。

廖行之《省齋集》與周必大《周益公集》

　　宋時傳本表啓互見甚眾〔註 179〕。

五、別本二人詩篇互見

〈苦熱〉七絕一首

　　《玉壺清話》作朱山長，《能改齋漫錄》作李堯夫。

〈欲掛衣冠神武門〉絕句一首

　　《侯鯖錄》、《耆舊續聞》、《宋詩話輯佚》作姚嗣宗，《苕溪漁隱叢話》引《蔡寬夫詩話》作王嗣宗。

〈遊文潞公曲水園〉七絕一首

　　《風月堂詩話》作晁迥，《石林詩話》作賈昌朝。

〈昔聞海上有仙山〉絕句一首

　　《曲洧舊聞》作歐陽修，《臨漢隱居詩話》、《冷齋夜話》作王禹玉。

〈同官唱和用山字韻〉七律一首

　　《苕溪漁隱叢話》作王平甫，《桐江詩話》作胡直孺。

〈臨津豔豔花千樹〉絕句一首

　　《詩話總龜》、《苕溪漁隱叢話》、《說詩樂趣》皆作王安石，《西清詩話》、《四庫提要》、《十駕齋養新錄》皆作王安國。

〈沙詩〉五絕一首

　　《王直方詩話》作龍太初，《五總志》作僧義了。

〈鄭洛道中遇降羌作〉七絕一首

　　《宋文鑑》作晁詠之，《老學菴筆記》作晁說之。

〈一年春事又成空〉絕句一首

　　《雲齋廣錄》作李元膺，《侯鯖錄》作張公庠。

〈臨難歌〉：〈矯首向天兮〉一首

　　《宋史》作李若水，《三朝北盟會編》作王履。

〈題西湖酒家壁〉七絕一首

　　《齊東野語》作林外，《庚溪詩話》作神仙，《輟耕錄》作藍喬，《西溪叢語》作仟盤。

〔註 179〕同註 24。

〈舍南舍北雪猶存〉絕句一首

　　《全芳備祖》作高似孫,《東皋雜錄》作陳天錫。

〈贊見洪帥〉七絕一首

　　《詩家鼎臠》作黃鑄,《絕妙好詞》作晞顏。

〈秋雨歎〉七律一首

　　《宋文鑑》作許彥國,《宋藝圃集》作許顗。

六、經改竄偽亂

蔣堂《春卿遺稿》一卷

　　割裂:割裂所據監本《吳都文粹》案語,附於題下〔註180〕

李覯《旴江集》四十卷

　　刪削竄亂:刪削原本部份篇章,竄亂部份篇章內容〔註181〕。

劉敞《別本公是集》六卷

　　詩文重出,文同題異〔註182〕。

邵雍《擊壤集》二十卷

　　重出:〈人鬼吟〉一首卷八與卷十二重出〔註183〕。

王安石《臨川集》一百卷

　　重出:文集卷三十二〈謝張學士書〉即卷三十四〈與孟逸秘校手書〉之五。脫文:卷六十一〈金太君徐氏墓誌銘〉爲卷六十二〈仁壽縣太君徐氏墓誌銘〉之殘文。

黃庭堅《山谷精華錄》八卷

　　全書竄亂。割裂成篇:〈內直觀化〉一首乃割裂本集〈雙井茶詩〉之半而成,〈江南修水記〉一篇乃割裂本集〈書幽芳亭〉一段略增末數語而成〔註184〕。

陸游《放翁詩選》前集十卷

　　湊合成篇:編者羅椅湊合《劍南詩稿》卷十五〈遊仙〉中〈飄飄〉、〈初珥〉、〈玉殿〉七絕三首成〈遊仙〉七古一首。

葉適《水心集》二十九卷

　　竄改:〈汪勃墓誌〉一篇。

〔註180〕同註59。
〔註181〕同註6。
〔註182〕同註16別本《公是集》提要。
〔註183〕同註34。
〔註184〕同註42。

羅公升《羅滄洲集》五卷

　　全書竄亂〔註185〕。

范仲淹《范文正集》

　　宋時傳本插入輿圖：〈宋世北疆輿圖〉一幅〔註186〕

曾鞏《元豐類稾》

　　明成化中楊參刊本、清康熙中顧崧齡刊本皆經竄亂〔註187〕。

李壁《箋註王半山詩集》

　　清海鹽張氏刊本詩篇重出。刪削原註，惟存補註〔註188〕。

施元之《註蘇詩》

　　清邵長蘅刊本全書臆改文字〔註189〕。

米芾《寶晉英光集》

　　明張丑本竄增：增入吳中膺跡四卷〔註190〕。

李昭玘《樂靜集》

　　清周季貺藏舊抄本竄入：〈吳正字啓〉一篇增入後半而成文〔註191〕。

黃幹《勉齋集》

　　清沈涵刊本脫文妄增：〈上朱晦奄第九書〉一篇。脫文湊合成篇：〈通江東柴漕啓〉一篇脫下文，〈謝史丞相啓〉一篇脫上文，而連爲一篇〔註192〕。

七、編選為偽

黃庭堅《山谷精華錄》八卷

　　明代好事者所編，而偽託宋任淵之名〔註193〕。

程俱《北山律式》二卷附《王炎詩》一卷《晁沖之詩》一卷

　　好事者雜湊程俱、王炎、晁沖之詩成編，而偽託宋葉夢得所選〔註194〕。

〔註185〕同註16《羅滄洲集》提要。
〔註186〕同註52。
〔註187〕同註6《元豐類稾》提要。
〔註188〕同註81。
〔註189〕同註21《施註蘇詩》提要。
〔註190〕說見《楹書隅錄》引戒菴老人跋。
〔註191〕說見清陸心源《皕宋樓藏書志》卷七十八。
〔註192〕同註48。
〔註193〕同註42。
〔註194〕同註16《北山律式》提要。

李侗《延平文集》三卷

　　前二卷爲朱熹所編，第三卷則侗裔孫葆初所彙詩文，而並託題熹編，借以爲重〔註195〕。

陸九淵《別本象山文集》六卷

　　後人選刻之本，明傅文兆託題九淵門人傅子雲所編〔註196〕。

《藥閣集》一卷

　　好事者編選六朝及唐人詩句，爲五七言近體共六十首，而託題辛棄疾所編〔註197〕。

陳仁子《牧萊脞語》十二卷二彙八卷

　　二集皆仁子自編，而初彙託題其門人李戀宣編，二彙託題其門人譚以則編〔註198〕

八、評註有僞

《九家集註杜詩》三十六卷

　　宋郭知達集王洙、宋祈、王安石、黃庭堅、薛夢符、杜田、鮑彪、師尹、趙彥材之註所成，然王洙、黃庭堅之註杜詩，皆爲好事者僞託〔註199〕。

《集千家註杜詩》二十卷

　　編中所集諸家之註，眞贗錯雜〔註200〕。

《杜詩故事》

　　朱熹《晦菴題跋》三以爲鄭尚明作，張邦基《墨莊漫錄》以爲王性之作，而託名蘇軾所註〔註201〕。

祖無擇《龍學文集》十六卷

　　詩題下間註所作時地，頗爲詳審，然不類自註，又不註明誰作〔註202〕。

《東坡詩集註》三十二卷

　　宋時坊賈所爲，而託王十朋之名以行〔註203〕。

〔註195〕同註16《延平文集》提要。
〔註196〕同註16《別本象山文集》提要。
〔註197〕同註44。
〔註198〕同註18引余恁、鄧光薦、蕭龍友序。
〔註199〕同註68。
〔註200〕說見《四庫提要》卷一百四十九《集千家註杜詩》提要。
〔註201〕同註68。
〔註202〕同註6《龍學文集》提要。
〔註203〕同註21《東坡詩集註》提要。

九、序跋為偽

司馬光《傳家集》八十卷

世行本劉嶠序文被節去首尾及年號官銜〔註204〕。

舊題王十朋《東坡詩集註》三十二卷

王十朋所作序偽託〔註205〕。

黃庭堅《山谷精華錄》八卷

任淵所作序偽託〔註206〕。

唐庚《唐子西集》二十四卷

鄭康佐所作序經清人汪亮采竄改〔註207〕。

朱淑真《斷腸集》二卷

書前明田藝蘅所作紀略偽託〔註208〕。

程俱《北山律式》二卷

葉夢得所作序偽託〔註209〕。

陳康伯《陳文恭公集》十三卷

朱熹所作序偽託〔註210〕。

楊萬里《分類誠齋文膾後集》十二卷

方逢辰所作序偽託〔註211〕。

辛棄疾《藥閣集》一卷

棄疾所作自序偽託〔註212〕。

《宋徽宗宮詞》一卷

《二家宮詞》本卷末帝姬長公主跋偽託〔註213〕。

岳珂《玉楮集》八卷

〔註204〕同註34。
〔註205〕同註59。
〔註206〕同註42。
〔註207〕說見清陸心源《儀顧堂題跋》卷十一。
〔註208〕同註19。
〔註209〕同註194。
〔註210〕同註71。
〔註211〕說見《鐵琴銅劍樓藏書目錄》卷二十一。
〔註212〕同註44。
〔註213〕同註73。

珂所作自跋偽託〔註214〕。

文天祥《文信公集杜詩》四卷

　　劉定之所作序已經後人刪併竄亂〔註215〕。

熊禾《勿軒集》八卷

　　元許衡所作序偽託。

十、篇題有偽

蔣堂《春卿遺棄》一卷

　　錄自《吳都文粹》，其中〈虎邱山〉一首原作〈吳王墓〉，〈謝李兵部〉二首原作〈靈芝坊〉〔註216〕。

黃庭堅《山谷精華錄》八卷

　　〈漢陽親舊追送〉一首據本集當作〈夜發鄂渚曉泊漢陽親舊攜酒追送〉，〈和高子勉〉一首據本集當作〈用前韻贈高子勉〉，〈謝公定和二謝秋懷〉一首據本集題下當有「邀予同作」四字〔註217〕。

許景衡《橫塘集》二十卷

　　〈題壽聖院〉一首當作〈聖壽禪寺〉〔註218〕。

林逋《和靖詩集》

　　坊刻《五言千家詩》〈題隱居〉一首據本集當作〈小隱自題〉〔註219〕。

蔡襄《蔡忠惠集》

　　坊刻《七言千家詩》〈上元〉一首據本集當作〈上元應制詩〉〔註220〕。

劉敞《別本公是集》

　　與本集文同題異者數篇〔註221〕。

王安石《臨川集》

　　坊刻《七言千家詩》〈茅簷〉一首據本集當作〈書湖隱先生壁〉〔註222〕。

〔註214〕說見《拜經樓藏書題跋記》。
〔註215〕同註5。
〔註216〕同註59。
〔註217〕同註42
〔註218〕說見《四庫全書考證》卷八十。
〔註219〕同註37。
〔註220〕同註37。
〔註221〕同註182。
〔註222〕同註37。

蘇軾《東坡全集》

坊刻《五言千家詩》〈太白山早行〉一首據本集當作〈太白山下早行至橫渠鎮書崇壽院壁〉，坊刻《七言千家詩》〈西湖〉一首據本集當作〈飲西湖初晴復雨〉〔註223〕。

晁說之《景迂生集》

坊刻《七言千家詩》〈打毬〉一首據本集當作〈明皇打毬圖〉〔註224〕。

戴敏《東皋子集》

坊刻《七言千家詩》〈夏吟〉一首據本集當作〈初夏遊張園〉〔註225〕。

十一、集名偽誤

林逋《和靖詩集》

宋本題曰「漫槁」，後人改題此名〔註226〕。

司馬光《傳家集》

宋本題曰《溫國文正司馬公文集》，後人改題此名〔註227〕。

劉一止《苕溪集》

《宋史》本傳、《直齋書錄解題》、行狀皆作《非有齋類槁》，後人改易此名〔註228〕。

周麟之《別本海陵集》

原本屬《海陵集》之外集，書賈削去標題「外集」二字，而作此名〔註229〕。

宋庠《宋元憲集》

又名《緹巾集》，《文獻通考》著錄字誤為《湜中集》〔註230〕。

李彌遜《筠溪集》

清汪如藻家藏本字誤為《竹溪集》〔註231〕。

黃彥平《三餘集》

〔註223〕同註37。
〔註224〕同註37。
〔註225〕同註37。
〔註226〕說見清丁丙《善本書室藏書志》卷二十六。
〔註227〕同註34。
〔註228〕同註34。
〔註229〕同註80。
〔註230〕同註74。
〔註231〕同註25《筠溪集》提要。

《宋史・藝文志》卷七著錄字誤爲《玉餘集》〔註232〕。

十二、撰人姓名訛誤

楊備《六朝遺事雜詠》

作者楊備字修之,《六朝事蹟》誤其名作楊修〔註233〕。

阮閱《郴江百詠》

作者阮閱字閎休,諸書有誤其名作阮閎或阮閱休者,有誤其字作閎休者〔註234〕。

黃彥平《三餘集》

作者黃彥平字季岑,號次山,《永樂大典》採錄其詩文,有誤其字作次岑者〔註235〕。

蒲壽宬《心泉學詩稾》

作者蒲壽宬,諸書有誤爲蒲壽峎者,亦有誤爲蒲壽晟者〔註236〕。

《周煇集》

作者周煇,有《清波雜志》,清時刊此書誤其名作周燀〔註237〕。

《楊炎正集》

作者楊炎正字濟翁,有詞集《西樵語業》,明代毛氏汲古閣本誤其名字作楊炎、號止齋翁〔註238〕。

范浚《香溪集》

編者高梅,四庫著錄本誤題爲其門人高桷所編〔註239〕。

司馬光《傳家集》

序者劉嶠,清時傳本誤其名爲劉隨〔註240〕。

《王荊公詩註》

〔註232〕同註25《三餘集》提要。
〔註233〕說見《宋詩記事》卷十七。
〔註234〕同註26。
〔註235〕同註232。
〔註236〕同註26。
〔註237〕說見《宋詩紀事》卷五十八。
〔註238〕說見前書卷五十七。
〔註239〕說見《四庫全書總目提要補正》卷四十八。
〔註240〕同註34。

　　註者李壁，《宋史》及諸刊本或字誤爲李璧〔註241〕。

十三、別本形制有偽

魏野《東觀集》

　　古殘本序中所言卷數嘗經改動，以符新本卷數，欲充足本〔註242〕。

王令《廣陵集》

　　（清）張月霄《藏書志》著錄有四十卷本，較之舊鈔本，詩文無所增益，而卷數增多二十，蓋經後人分析卷數者〔註243〕。

梅堯臣《宛陵集》

　　明正統間刊本書前序文爲書賈抽去，欲充元槧〔註244〕。

徐積《節孝集》

　　清田魯璵藏清康熙中王邦采覆宋本《節孝先生集》，書賈匿去王序，僞充宋刻〔註245〕。

劉宰《漫塘文集》

　　《天祿琳琅後書目》（卷七）有明本二十二卷，紙出渲染，欲以新本冒舊本。

蘇軾《東坡全集》

　　《天祿琳琅書目》（卷六）有元板一百二卷，密行細書，橅印工緻，仿宋巾箱本式，欲以亂眞。又（卷十）有明成化四年吉州知府程宗刻本《東坡集》。書賈割去序後原署姓名，補刊宋代年號之題記，以充宋刻。又清張金吾藏季蒼葦舊藏宋刊殘本《經進東坡外集事略》二十九卷，書中卷數數目字經剜改補綴，欲充足本〔註246〕。

《東坡詩註》

　　傅增湘藏宋萬卷堂刊本《王狀元集諸家註分類東坡先生詩》，估人於目錄後僞造有宋代職官名之木記一行，蓋亦欲冒宋刻，而不知此本宋刻也〔註247〕。又清孫星衍藏元本《百家註東坡詩集》二十五卷，賈人剷去元刻書堂名號，欲充宋刻〔註248〕。又黃蕘圃藏宋嘉泰二年淮東倉司刊本《施顧合註東坡先生詩》，其中卷四十一及四十

〔註241〕同註6《王荊公詩註》提要。
〔註242〕同註74。
〔註243〕同註207。
〔註244〕說見《圖書板本學要略》卷三。
〔註245〕同註78。
〔註246〕同註75。
〔註247〕同註49。
〔註248〕同註79。

二兩卷，爲〈和陶詩〉之全部，楊紹和跋之，云書賈挖改四十一、四十二數目字爲
上下，板心亦然，欲充完帙〔註249〕。

黃庭堅《山谷集》

沈曾植藏明刊本《山谷正集》，賈人刪削義例，匿去明人所作序，欲充宋刻〔註
250〕。又中央圖書館藏明覆宋本《山谷老人刀筆》，於板心補印宋代年號，偽造宋諱
字，以充宋刻〔註251〕。

舊題蘇過《斜川集》

〈四庫存目〉本十卷，提要謂其染紙作古色，補畫烏絲，偽鑴宋代書肆刊板印
記，欲以宋板炫俗。

劉克莊《後村集》

清瞿鏞藏宋刊殘本《後村居士集》，乃知清世傳本多非全帙，而爲經人分析卷第
以足原數者〔註252〕。

〔註249〕同註5。
〔註250〕同註77。
〔註251〕同註244。
〔註252〕同註211。

第三章　前人考訂宋代別集眞僞
誤說之考辨

　　考辨宋代僞撰別集，其事有二：一爲辨僞作，一爲辨誤說。僞作之待辨，理甚
顯然，前文既論之矣。然辨僞作而至質疑過甚、矯枉過正，以致疑所不須疑，辨所
不當辨，則成辨僞之誤說矣。誤說而不辨，則或疑原本爲僞作，或辨眞書成僞籍，
甚而論者已證其書爲僞矣，而又欲辨其爲眞，類此各事皆有之矣。其勢固不止於庸
人自擾，其害事處實與誤信僞作等，故辨僞之誤說亦勢所當辨也。

　　誤辨宋代僞撰別集之誤說，約有三類：其人或其詩文本不僞而誣其爲僞，其一
也；既誣眞品爲僞作矣，而又力辨其僞，其二也；其書或其詩文顯爲僞作矣，而又
力攻辨僞者之非，其三也。此三者不辨，不唯混淆宋集之眞僞，且又削損辨僞之事
之價值，恐其馴至而有擾亂學術之虞，故分節依次考辨之。

第一節　誣眞爲僞之誤說考辨

　　誣眞爲僞與誤僞爲眞，本爲一體之兩面。蓋甲人作誤爲乙人集，以甲人集言之，
則誣眞爲僞矣；以乙人集言之，則誤僞爲眞矣，反之亦然。本節所謂之「誣眞爲僞」，
特以宋人詩文之誤入他時他地別集之情況爲限，其義蓋取「宋人之眞，他代之僞」
也。其宋人別集之互見相犯、互爲眞僞者，概於後章「內容考辨」中述之。

　　宋人詩文之誤入他集，以宋人集之互相誤入爲多，亦間有誣繫唐人金人名下
者；其原因或以字號相類而誣繫，或因創作風格相近而誣繫，亦有因疏於辨別而
致誤入者。

　　其因字號與古人相類而誣眞爲僞者，如李覯字泰伯（又作太伯），與唐人李白
字太白姓氏字號相近，宋人所編類書即有以覯詩繫之李白者。清王琦曾考太白逸

詩云：「類書中多摘引太白詩句，然不能無錯謬；《海錄碎事》及《錦繡萬花谷》
二編，學士家以其出自宋人，尤珍尚之。其所引太白斷句甚多，亦有誤者。如『雨
吟春破碎，貪飲客凋零』，『山含紅樹隨時老，天帶黃昏一例愁』，『茶褐園林新柳
色，鹿胎田地落梅香』，『江邊石上誰知處，綠戰紅酣別是春』，『只有人閒閑婦女，
一枚煎餅補天穿』，皆是李覯詩，因覯字太伯，遂譌作爲太白。」〔註1〕今考李覯
《盱江集》，卷三十六有〈閑居〉五律一首，其頷聯即「雨吟春破碎」兩句；同卷
有〈正月二十日俗號天穿日以煎餅置屋上謂之補天感而爲詩〉七絕一首，其次聯
即「只有人閒閑婦女」兩句；卷三十七有〈秋懷〉七律一首，其頸聯即「山含紅
樹隨時老」兩句；同卷有〈韓偓集有自撫州往南城縣舟行見拂水薔薇之詩南城吾
鄉也因題八句〉七律一首，其頸聯即「江邊石上知誰處」兩句；同卷又有〈送黃
承伯〉七律一首，其頷聯即「茶褐園林新柳色」兩句。則王氏所論是也。

　　其因作品風格近於古人而選家誣繫於古人者，如蘇軾《東坡前集》卷八有〈陽
關詞〉三首，其三題作〈中秋月〉，詩云：「暮雲收盡溢清寒，銀漢無聲轉玉盤。
此生此夜不長好，明月明年何處看。」今本《千家詩》唐人杜牧詩亦有此首，題
目內容全同。按：此詩經考辨，當屬東坡之作。以其板本考之，此詩今見於《東
坡集》，而不見於《樊川集》，當以東坡所作爲是，唯不知《千家詩》所據云何？
清歐陽泉云：「宋劉後村有唐宋《千家詩》選本，劉所自作，亦附其中。後來不知
何人於劉選中擇七絕七律共百餘首，仍名《千家詩》，流傳至今。」〔註2〕即今所
見之本，其間譌謬甚多，恐即書坊所爲者，其誣繫作者固不足怪，則此詩當屬東
坡作，此一證也。以其所作之時地考之，高步瀛云：「子瞻書彭城觀月詩曰：『余
十八年前中秋與子由觀月彭城作此詩，以陽關歌之。』朱少章《風月堂詩話》（卷
下）曰：『紹聖元年，自錄此詩，仍題其後』云云（科案：此乃朱氏引東坡詩題下
自注語）。」〔註3〕今人黃永武據高氏所引續考之云：「自紹聖元年（1094）上推十
八年，則本詩當作於熙寧九年（1076）左右，考蘇東坡於熙寧四年爲開封府推官，
其後又請通判杭州；在杭州三年，又徙知密州、徐州、湖州。然後於元豐元年（1077）
逮赴臺獄，於元豐二年（1078）以黃州團練副使安置。依此類推，東坡徙知徐州，
正在熙寧九年左右；彭城在徐州，與東坡經歷年月正合。」〔註4〕，則此詩以坡作
爲是，此二證也。以其詩意考之，東坡自注此詩，謂與子由觀月彭城所作，而詩

〔註1〕見《李太白詩集註》卷三十。
〔註2〕說見清歐陽泉《點勘記》卷下。
〔註3〕見《唐宋詩舉要》卷八。
〔註4〕見黃永武《中國詩學》考據篇「詩歌辨僞法」。

中有「此生此月不長好，明月明年何處看」之句，隱寓悲歡離合、散多聚少之慨，正合東坡昆仲離合無常之行實，此三證也。合此三證，則此詩決爲東坡作無疑，而《千家詩》誤以風格近牧之而誣繫其名下也。

又如王令《廣陵集》有〈於忽操〉三章，明馮惟訥編《古詩紀》，誤收入古逸詩中，以爲龐德公作，《四庫全書總目提要》謂其「氣格遒上，幾與古人相亂」（卷一百五十三）。次如程俱《北山集》有〈九日〉七律一首，清毛奇齡選唐人七律，誣爲唐高適之作，《四庫全書總目提要》謂其「音情近古」（卷一百五十六）。再如汪藻《浮溪集》卷二十九有〈懷古〉四首，誣入金人《元遺山詩集》卷一，題爲〈雜詩〉，略不能辨〔註5〕。亦皆其例也。

更有因風格近古，致令選家誤認其詩，併誤其作者之時代爵里者，如胡宿《文恭集》中詩，金元好問編《唐詩鼓吹》，選入二十餘首，說者遂以宿爲唐宋時人，爵里未詳。《四庫全書總目提要》考之云：「今考好問所錄諸詩，大半在《文恭集》內，且其中有〈和朱況〉一首，其人爲胡氏之婿，與宿同籍常州，具見所撰〈李太夫人行狀〉，確鑿可據。」（卷一百五十二）。

此又因風格近古而致誣眞爲僞之甚者也。

第二節　辨眞爲僞之誤說考辨

誣眞爲僞，而又力辨其僞者，其因多由辨僞方法之誤用。以考辨宋代僞撰別集之事論之，《四庫全書總目提要》所考最稱宏富可據，而亦未免誤用辨僞方法之失。厥考其故，或因失其來歷，或因誤推年代，或因所疑失實，或因失於輕斷，要之，皆由失於周至所致也。

其因失其來歷而誤考之者，如《棠湖詩稾》一卷，錄宮詞一百首，舊本題宋岳珂撰。《四庫全書總目提要》謂其來歷不明，故唯存目，並考之云：「其本爲鮑氏知不足齋所刊，宋以來公私書目，悉不著錄，不知其所自來。……昔厲鶚作《宋詩記事》，凡鮑氏藏書，無不點勘。今所進本，標識一一具存，獨無一字及此書，則出在鶚後矣。疑鶚及符曾等七人，嘗合作雜事詩，而其北宋雜事詩，則未及成書，或遺稾偶存，好事者嫁名於珂耶？」（卷一百七十四）

按：近人梁啓超「鑒別僞書之公例」第一條云：「其書前代從未著錄或絕無人徵引而忽然出現者，什有九皆僞。」〔註6〕。提要所據以斷其書之僞者，正用此法。

〔註5〕說見錢鍾書《談藝錄》。
〔註6〕見梁啓超《中國歷史研究法》第五章。

然梁氏所言之法特適用於隋唐以前舊籍之考證，蓋隋唐以前，板刻之術未行，其書以傳寫鈔錄爲常，流傳非易，若祕閣未見其書，而後世「忽然出現」，固可言其「什九皆僞」。至若兩宋而後則不然，兩宋板刻之術大盛，至成營利事業，其籍愈祕，利路愈通，世所愈矜爲異祕之籍，書估愈欲傳刻之；且也，自著自編自選之書而自刻之者，亦所在多有。流傳之路既廣，書籍之庋藏乃成尋常之事，有書志者固可據志尋目，然天下之藏書者何必皆著有書志？何可因「宋以來公私書目悉不著錄」，即斷爲僞？此提要使用書目辨僞法之一失也。且也，自宋以來書目，唯《郡齋讀書志》、《直齋書錄解題》號稱詳瞻博綜，其餘書志類皆未免疏失，《四庫提要辨證》嘗論之云：「……《宋史‧藝文志》於寧宗以後本極草草。……有元一代，并無公私目錄。明之《文淵閣書目》，直是甲乙之賬，且已不免有所殘闕。其餘內閣書目以下各家，博綜不及《直齋》，而雜亂等於《宋志》，著錄與否，何須措意？」（卷二十四）以此類書目著錄與否而考辨其僞，用之以考習見流傳之籍，或有什五之效，若用之以考隱諱自祕之書，恐不免於嚮壁虛造之譏，則其著錄與否，眞無須措意矣，此提要使用書目辨僞法之又一失也。又，欲據其書之來歷以辨兩宋書籍之眞僞，除於書志考證其未見著錄外，尚須考知其書從無舊本可據，然後方爲兩全；提要僅據書志之未見著錄即遽斷其書爲僞，則尚差一間，故未必可據，此提要使用書目辨僞法之再一失也。

要之，據舊志之不著錄而證其書之僞，本爲可行之法，唯尚須助以可據之佐證，方爲可信。然提要之考證，常據舊志不著其目，即遽斷其僞，而後強索其書之佐證，所說雖繁，要皆虛造，不唯佐證失實，併其考證之法亦啓人疑竇矣。提要之坐失此弊者，尚不止三見，梁啓超云：「提要中指爲眞者未必遂眞，指爲僞者大抵必僞。」〔註7〕正未必然也。

今考《棠湖詩稿》一書，提要既以舊目盡不著錄而臆其爲僞，於是又強索無實佐證以張皇其說（詳後文）。然其書雖舊目所不載，其來歷則有可得而言者。《蕘圃藏書題識》云：「嘉慶乙丑（十年，1805）冬，錢唐何君夢華訪余，出其友所藏宋刻《棠湖宮詞》示余，因素知余有毛鈔影宋本也。宋刻果出毛氏上，有宋本甲兩圖記，餘皆子晉名號章，無他人印記。紙黃色潤連係竹料。首標『《棠湖詩稿》』四字，下有墨釘，板心第曰『棠湖一』、『棠湖二』，不標『宮詞』。疑當日宋刻中一種，故不標『宮詞』，茲毛鈔板心添入『宮詞』字，非其舊矣。」（卷八）《四庫提要辨證》論蕘圃云：「以……黃氏鑒別之精，豈有不識宋板者？既係宋板，則必

是南宋人所作無疑。鮑氏所刻，恐是別據一鈔本，前後既無序跋，又僅傳鈔而非影鈔，故未摹刻藏書圖記，宜乎提要不知其自來耳。」（卷二十四）蕘圃所記毛鈔影宋本，清瞿鏞亦嘗見之，《鐵琴銅劍樓藏書目錄》云：「卷末有『臨安府棚北大街陳宅書籍鋪印行』小字二行。每半葉十行，行十八字。案：此書原刻本舊藏汲古毛氏，今在嘉興錢衍石給諫家。……此影鈔本即出毛氏，紀文達疑爲屬樊樹作北宋雜事詩，而好事者僞託岳氏以傳，其說非也。」（卷二十一）二家所論，可謂詳實。此外，清丁丙〔註8〕、錢儀吉〔註9〕、錢泰吉〔註10〕，楊鍾羲〔註11〕，皆以提要所辨爲非。則提要之辨此書爲僞，正坐考證偏疏之失耳。

又如《雙峯存槀》六卷，舊本題宋進士舒邦佐平叔撰，《四庫全書總目提要》亦以來歷不明列於存目，云：「宋志及諸家書目皆不著錄，屬鶚《宋詩記事》亦不載其名。……是殆近時之所爲耳。」（卷一百七十四）

按：提要云此書「宋志及諸家書目皆不著錄」，固不足證其必僞，上已明之矣。至若「屬鶚《宋詩記事》亦不載其名」，亦未必宋即無其人，試觀清陸心源《宋詩紀事補遺》，「補樊樹所遺增多三千餘家」（凡例一），則《紀事》漏列者尚多，提要以《紀事》不載其名證其書之罕見則可，若以證其書之必僞則尚欠周全，其辨證之失等同上述《棠湖詩槀》之考證。

即以提要所用之法爲可信，實則邦佐其人其書皆有可考，而爲提要所不知者。《宋詩紀事補遺》據《江西詩徵》採錄邦佐詩〈雨後即事〉、〈讀退之傳〉各一首，云：「邦佐字平叔，一字輔國，號雙峯，靖安人。淳熙八年（1811）進士，主善化簿。紹熙中，朱文公帥長沙，以疾乞歸，著有《雙峯槀》。」（卷五十四）則邦佐確爲宋人。清吳壽暘《拜經樓藏書題跋記》有《雙峰先生集》九卷，並載清查愼行手跋，云：「是集初刻於宋寧宗嘉泰四年（1204），公季子邁所編，先生自序，題曰《雙峯猥槀》。至理宗淳祐七年（1247），再刻於連山，章枕山有序。元初，公之七世孫名世重刊，有歐陽冀公序。未幾板燼。洪武中，八世孫泰亨以家藏舊雕本重刻於南昌，訓導劉鈇志其本末。正統中，十世孫守中，劉忠愍爲之序。今所鈔者照正統本。」則其書自宋即有之矣。據上所述，其人其書皆無可疑，提要所據本毋寧別爲後人重編者，故云「是殆近時之所爲」？則其辨證之疏失亦同上述。

再如唐庚《唐子西集》二十四卷，集中有〈別永叔〉一篇，《四庫全書總目提要》

〔註8〕說見《善本書室藏書志》卷三十一。
〔註9〕說見《衍石齋紀事槀》卷四。
〔註10〕說見《曝書雜記》卷下。
〔註11〕說見《雪橋詩話》卷六。

以子西與歐陽永叔時代不相及而疑之，云：「考歐陽修沒於熙寧六年壬子（1072），《宋史》稱庚謫惠州，遇赦北歸，卒於道，年五十一，據集中〈黎氏權厝銘〉，其北歸在政和丁酉（1117），上距熙寧壬子凡四十六年，是修卒之時，庚方五、六歲，斷不相及，或他人所作誤入。抑別有字永叔者，如『瘧疾示聖俞』詩，乃其甥郭聖俞，而非梅堯臣也？」（卷一百五十五）

　　按：清陸心源《儀顧堂題跋》有影宋紹興刻本《唐子西集》三十卷，云：「案：集中『六一堂』詩，有『雖未及摳衣』之句，則子西不及見歐陽文忠明矣，安得有留別之作耶？今鈔本作『別勾永叔』，則別有勾姓字永叔者，非六一公也。勾爲蜀中大族，宋初有勾中正，則永叔當爲子西鄉里，若非鈔本僅存，千古疑團莫釋矣。」（卷十一）則提要以未見舊本，故有是疑，此本固足以釋之矣。

　　《四庫全書總目提要》每有未見其書來歷而臆斷其僞之事，前已論之矣。既有先入之見蔽乎其間，不免強尋僞證、橫出枝節，於是又生誣推年代，所疑失實之弊。

　　其誣推年代之例，如前述《雙峰存槁》，提要既疑其來歷，又以其中所述年代爲可疑，云：「前有自序，稱『早困舉子業，竊第後方學四六語』，又稱『尚書劉公，曾爲辛丑省試官，余以晚出門生之禮事之』。辛丑爲徽宗宣和三年（1121），則邦佐當爲北宋末人。集中有〈和洪龜父歲晏〉詩，龜父，黃庭堅甥，洪朋字也，庭堅最賞其詩，而劉克莊《詩話》稱其早卒，則邦佐與之倡和，又在徽宗以前。序末題『甲子歲四月』，而中云『投紱西歸，老於三徑』。甲子爲高宗紹興十四年（1144），則其老而退休，在南宋之初，而集中有〈賀黃察院啓〉，在紹熙四年，（1193），〈迎潭帥朱殿撰啓〉，在紹熙五年（1194），上距高宗甲子凡五十年，邦佐當巳百有餘歲，乃復在仕途，似無此理。況邦佐及見洪朋，則與蘇軾、陳師道、僧道潛，皆同時人，特相距先後間耳。」（卷一百七十四）。按：若據提要之言，事少經見，確有可疑。然前引《宋詩紀事補遺》記邦佐生平仕履，乃云「淳熙八年進士」，「紹熙中……以疾乞歸」，陸氏以稔宋事著稱，所說必不誤。若以西曆計之，孝宗淳熙八年爲辛丑，時當西曆1181年，自序所云「尚書劉公曾爲辛丑省試官，余以晚出門生之禮事之」，當指此年事，而非提要所云時當西曆1121年之徽宗宣和三年辛丑，則提要誤以宣和辛丑當淳熙辛丑，恰上推一甲子。而序末所題「甲子歲四月」當爲寧宗嘉泰四年（1204），正邦佐「以疾乞歸」之年，與查愼行手跋其書初刻之年亦合，則非「高宗紹興十四年（1144）」也明矣，提要之誣推年代亦與上同。據上所述，則邦佐於淳熙八年（1181）登進士第，紹熙四年（1194）有賀啓，紹熙五年（1195）有迎啓，寧宗嘉泰四年（1204）老而退休，前後相距不過二十四年，其自序詩文、自題手槁，於年代並無可疑。意者提要狃於集中有

〈和洪龜父歲晏〉一詩，強以黃庭堅之外甥洪朋當之，故致誤計甲子而齗齗致辯，繳繞不清。實則古人取義爲名，同名者所在多有，此洪龜父必南宋人，非北宋之洪朋，其事與《唐子西集》中之有郭聖俞、勾永叔者正同耳。

其所疑失實之例，如前述《雙峰存藁》，提要既因疑其來歷而誣推其年代矣，更進而強考之云：「〈自序〉稱『願借後山「向來一瓣香，敬爲曾南豐」』句，則陳師道語也。〈眞隱集序〉稱『遞相傳寫，不無魚魯，謹守昔人「白鷗沒浩蕩」、「採菊見南山」之戒』，則蘇軾語也。其詩復云：『不如陶靖節，客至空持甌。不如蘇東坡，勝敗兩忘憂。』又云：『大蘇文章繼老蘇，魏徵勳業付魏彗。』又云：『參寥已似絮沾泥，天女雖來煖非肉。』皆作典故用之，尤爲可疑。他如『池平初鬮蛤，柳老半藏鴉』，即軾詩之『夜涼初吠蛤，柳老半書蟲』也；『早爲掛銅鉦』，即軾詩之『初日掛銅鉦』也；『小雨止還作，虛窗暗又明』，即軾詩之『微雨止還滴，小窗幽且妍』也；『蜜熟花蜂亦慣營』，即軾詩之『蜜熟黃蜂亦懶飛』也；『卷地風來忽吹散』，即軾詩之『暮地風來忽吹散』也。即刻意學步，不應雷同至此，其爲摭軾詩贗作，痕跡顯然。至於宋璟〈梅花賦〉，宋已不傳，故《李綱集》有補作，其序甚明，今集中有〈讀廣平梅花賦〉詩，知其出在劉壎〈隱居通議〉之後。『梅子又生仁』句，乃以唐寅詩『試嘗梅子又生仁』句截去二字，知其出於唐寅之後，是殆近時之所爲耳。」（卷一百七十四）

按：〈自序〉引陳師道語，書序引蘇軾語，並不沒主名，乃爲文常格，自不足異。邦佐既爲南宋人，述北宋事，自是典故，亦不足爲疑。若所舉「摭軾詩贗作」諸句例，細繹之，謂之模倣則可，謂之贗作則未必；黃庭堅身生北宋，號稱大家，其作詩尚有「不易其意而造其語」之「換骨法」與「規模其意而形容之」之「脫胎法」，則擬蘇風氣甚盛之南宋，詩中偶見形似東坡之句，自屬常情。又「梅子又生仁」句，提要以爲截去寅詩二字以僞作，然謂寅倣之而加二字以成句，又何不可？確可疑者唯〈讀廣平梅花賦〉詩一事，然提要於他書類此者則云「或他人之作誤入」，或云「別無顯證，疑以傳疑」，此詩獨不可如此道，而必謂全書皆僞乎？蓋提要所疑失實，不免羅織僞證，故皆語近煆煉耳。

又如前述《棠湖詩藁》，提要亦以「不知其所自來」一念所蔽，乃更考之云：「……然汴京圖籍，盡入於金，史有明文，詩中乃云：『卷帙異書三十萬，至今光釆動奎星。』所謂今者何時也？且褚摹蘭亭，終存己法；蘇和陶詩，不掩本色。珂《玉褚集》具存，其詞與此迥殊，雖酷學唐人，未必遽失故步，至於如此。又王建、王珪、花蕊夫人、宋徽宗、楊皇后諸家宮詞，今或有不省爲何語者，蓋宮禁舊事，載籍不能備錄，往往無徵。此一百首，則檢點宋人說部，無不可註其端

委，何珂之所述，盡今人之所知也？」（卷一百七十四）

　　按：提要所疑三事，《四庫提要辨證》嘗詳摘其失。其疑卷帙異書之事，辨證云：「《詩稾》第三十六首云：『昇龍門內屋千楹，玉宇金題映紫庭。卷帙異書三十萬，至今光釆動奎星。』此詠太宗朝建秘閣事也。……此詩蓋言端拱既建秘閣，又廣聚異書；由是政教大興，文章著述，盛極一時，流風餘韻，至於今而光景常新云爾。豈謂東京秘府之歲，直至端平嘉熙間，猶復卷軸如新也哉？」（卷二十四）則提要之誤解詩意，實在有意無意之間耳。《提要》疑此編與岳珂本集《玉楮集》風格詞氣相去過遠，《辨證》以爲擬古有偏擬各家而得其似者，有能更神明變化於各家以進於不似者，岳珂此編當屬前者，東坡〈和陶〉則屬後者，必以東坡〈和陶〉懸爲準的，顯非通達之論。則提要之疑顯出偏蔽。提要又疑此編語皆可解，當非宋世之作，此又非理之談，《辨證》論此書體製與他家宮詞不盡同，此書惟前十首詠宮禁之事，自十一首至末則「皆太祖至欽宗時，朝廷之大事，帝王之言動，直是一代詩史，非復宮中行樂之詩」；因岳珂「以本朝臣子而議及祖宗之得失，恐涉不敬之嫌，故託之宮詞云耳」。此與他家宮詞專詠宮禁之事體製有別。而以其詞論之，他家宮詞「詠其本人所見聞，宮闈事秘，非外人所知，宜乎不見於書傳」；而珂「以南宋人而詠東京之事，不取之於載籍，將安取之」？（引文皆見卷二十四）故一種則「有不省爲何語者」，一種則「無不可註其端委」，《提要》以二者相提並論，其錯謬也宜然。則提要所疑之非理非情，於此可見。

　　《四庫提要》考辨僞籍之失，除上述者外，又有因昧於學術眞相而致失於輕斷者。其在宋集之考辨，如詹初《寒松閣集》，《四庫全書總目》著錄三卷，提要敍之，一則引集中所附初子陽、裔孫明人景鳳、璧，及宋人饒魯、李士英、明人田怡等人跋，敍其書來歷甚詳；一則以舊志悉不著錄，云其眞僞不可知；語甚游移，蓋不敢明言其僞也。然又以其書立言大旨自相矛盾，又似明代之說而疑之，云：「核其立言大旨，如與詹體仁論道，體仁摘其〈詠水〉詩：『野人見清不見水，卻道無水亦無清』之句，深以爲疑，蓋不免稍涉於禪；至〈翼學〉『大道』章所言『器理有無』之旨，〈目錄〉第一條所言『知止運用、二段工夫』之說，則又皆力闢釋老。觀其〈目錄〉載：『或問：「尊德性、道問學，朱子本來自全，陸子前面秖尊德性一邊，因朱子方走道問學？」曰：「此非學者所可輕議。」』則所學實介於朱陸之間，似明代調停之說，其書晚出，眞僞蓋不可知。……疑以傳疑，姑以其言有可取而歸之，其所自來，存而不論可矣。」（卷一百六十三）

　　按：據一代思想之特色以辨僞籍，其法自有可取，梁氏「鑑別僞書之公例」第十二條云：「各時代之思想，其進化階段，自有一定。若某書中所表現之思想與其時

代不相銜接者，即可斷爲僞。」〔註12〕又云：「從思想系統和傳授家法辨別，從思想和時代的關係辨別。」〔註13〕提要所據以考證者，與此略同。然義理之事，知意爲本，言語爲末；欲據思想之特色以辨僞籍，必索證於知意之境以辨之，方足爲信；若據言語之象而辨之，鮮不失之毫釐、謬以千里者。提要以詹初之言稍涉於禪，而又力闢釋老，似爲矛盾，然初之學並不涉於禪也；又以其不敢輕議朱陸異同，似爲明代調停之說，然調停之說又非始於明代也。提要據疑似之證而疑詹書爲僞，正是不領其義理，而考索於言語之間所致耳，宜乎所說不確。

今考朱陸皆爲南宋理學之泰斗，然二人爲學宗旨、教學方式皆有不同，故往復爭論不休。然平情論之，陸於朱學雖偶有不服，朱於陸學則全然不契。蓋朱子之學首重格物致知，欲以心靈之知貫通天下萬物之理〔註14〕，所得正爲理性之客體性原理；陸子之學則純是孟子學，《孟子》道性善，主「形色天性」、「踐形爲性」（〈盡心〉上），所得正爲道德性之主體性原理，故與禪學所重之意志性之主體性原理有形影之似，此會心者自能辨之，陸子循孟子之學而進之，自是孔孟嫡系，與禪學絲毫無涉。朱子不契於孟子，不契於陸子，又不知孟學與禪學有形影之似，故每因陸子之言似《孟子》而橫生歧異解會，動輒指其爲禪；不僅此也，自朱陸沒後，凡朱門弟子於陸門弟子之有得於師說者，無不誣指爲禪。詹體仁本爲朱子高弟，《宋史》謂其「穎邁特立，博極群書，少從朱熹學，以存誠愼獨爲主」（卷三九三本傳），正爲深得朱學三昧者，詹初又以爲朱陸之學各有擅場，則初之受疑也宜然。然考初「野人見清不見水，卻道無水亦無清」句意，乃謂學不見道者見用不見體，則併其用亦失其根柢，是亦醇然儒者之旨，與禪何涉？則體仁之疑正類其師之疑陸子，出於不契其旨故耳。提要不知體仁所疑之偏蔽而非實，故以初「稍涉於禪」，又復「力闢佛老」爲可疑也。

又考朱陸異同之辨，約以二事爲主，一爲孝宗淳熙二年（1175）之鵝湖之會（時朱子年四十六、陸子年三十七），辨二人爲學宗旨與教人方式之異同；一爲淳熙十五年（1188）之無極太極辨，辨二極之異同，而波及廣泛之爭論。然朱陸之會本爲調停兩家異同而設也。《陸象山年譜》引朱亨道書云：「鵝湖講道切誠當今盛事。伯恭（科按：呂祖謙字）蓋慮陸與朱議論猶有異同，欲會歸於一，而定其所適從，其意甚善。伯恭蓋有志於此，語自得則未也……。」（三十七歲條下）是其時朱陸學友已欲調停二人之說矣。至若朱陸本人，共爲鵝湖之會，亦有互爲調停彼此異同之意，

〔註12〕同註6。
〔註13〕見梁啓超《古書眞僞及其年代》第四章。
〔註14〕說見《大學章句》〈格物補傳〉。

故自鵝湖會後至無極太極辨前十餘年間，朱子之於師友弟子每致「二家互有短長，不可輕相訾議」〔註15〕之意；〈答項平甫書〉云：「……大抵子思以來，教人之法，尊德性、道問學兩事爲用力之要。今子靜（科按：九淵字）所說：尊德性，而某平日所聞，均是道問學上多。所以爲彼學者，多持守可觀，而看道理全不仔細；而熹自覺於義理上不亂說，卻於緊要事上多不得力。今當反身用力，去短集長，庶不墮一邊耳。」〔註16〕朱子自言如此，其欲調停彼此異同之願甚明。即朱陸同時學侶如南軒張栻、東萊呂祖謙、水心葉適，其後學如陳北溪、朱亨道、蔡幼學、項平甫，於朱陸之學皆有宜取兩長，不宜互攻之主張〔註17〕。即此可知朱陸雖有異同之辨，然調停之意願亦已隨見彼此及雙方師友門人間；詹初時代稍後朱陸，言其異同不可輕議，正一時共同之見耳。則調停之說非始明代也明矣。提要於此失考，故以詹書有明代之說爲疑也。

第三節　辨偽爲眞之偽說考辨

其書顯然有疑，而又力辨其非偽者，其因或爲未知其人而蔽於書，或爲私愛其書而蔽於己。蔽於書，則所舉例證不足據；蔽於己，則所持態度欠平實；於是考辨近輕忽，論證難周備，其結論自亦不足信矣。

因未知其人而蔽於書，而欲辨偽爲眞者，如李覯《旴江集》即是其例。李覯爲北宋名儒，湛深經術，然於《孟子》一書，則不喜之。范仲淹雖謂其「著書立言，有孟軻、揚雄之風義」（〈舉胡瑗李覯薦章〉），然陳振孫、余允文、朱熹則皆稱其不喜《孟子》。振孫云：「……《常語》三卷……太學說書南城李覯泰伯撰。……泰伯不喜《孟子》，《常語》專辨之。當日舉茂材不中，世傳閣試論題有全不記所出者，曰『此必孟子注也。』擲筆而出。」〔註18〕余允文《尊孟辨》引《常語》中評《孟子》之文十六條而辨之，朱子亦嘗補允文之辨七條，且云：「（覯）不喜《孟子》，特偶然偏見，與歐陽修不喜《繫辭》同。」〔註19〕則覯之不喜《孟子》似可決矣。然明楊愼升菴以下又不謂然，愼嘗詳辨之云：「小說家載李泰伯不喜《孟子》事，非也。泰伯未嘗不喜《孟子》也。何以知之？曰：考其集知之。〈內治論〉

〔註15〕見《朱子年譜》五十六歲條下引〈答諸葛誠之書〉。
〔註16〕見《朱子年譜》五十四歲。
〔註17〕參見《宋元學案》晦翁、南軒、東萊、水心、象山、北溪諸學案。
〔註18〕見《直齋書錄解題》卷十七。
〔註19〕見《朱子語類》（《四庫提要》卷一百五十三引）。

引『仁政必自經界始』。〈明堂制〉引『明堂王者之堂』。〈刑禁論〉引『瞽叟殺人，舜竊負而逃』。〈富國策〉引『楊氏爲我，墨氏兼愛』。〈潛書〉引『萬取千焉，千取百焉』。〈廣潛書〉引『男女居室，人之大倫』。〈省欲論〉引『文王以民力爲台爲沼，而民歡樂之』。〈本仁論〉引『以至仁伐不仁』。〈延平集序〉以子思、孟軻並稱。〈送嚴介序〉稱章子得罪于父，出妻屛子，而孟子禮貌之。〈常語〉引《孟子》儉于百里之制，又詳說之。由是言之，泰伯蓋深于孟者也。古詩〈示兒〉云：『退當事奇偉，凤駕追雄軻』，則尊之亦至矣。今之淺學，舍經史子集而勸小說，以爲無根之游談，故詳辨之。」〔註20〕清李來泰亦云：「凡公生平所著述，俱有孟軻、揚雄之風，若雄尙未許與公方也。顧有謂公於書無所不讀，惟不讀《孟子》，此豈眞知公者哉？予以爲自唐迄宋，接孔孟之派者，實維家泰伯。」(〈李泰伯公文集原敍〉) 高天節、傅振鐸、李丕則亦皆以覯接孔孟之道統爲論〔註21〕諸家所說皆與宋人之論不同。

　　按：宋人之論李覯不喜《孟子》，皆有舉證，似俱無可議。若升菴以下諸家之說則有可議。升菴之摘引覯文，考之《旴江集》，信然，而略有小誤，〈內治〉當爲〈國用〉(第四)，〈省欲〉當爲「損欲」，是也。又所舉尙有漏列，如〈內治〉第七引對齊宣王問，論「王如好色，與百姓同之」。〈國用〉第十引《孟子》述龍子之言，論稅斂應隨年之豐欠爲度。〈平土書〉引「夏商周皆什一而稅」，并論井田之制。〈敍陳公變字〉論《孟子》言「孔門無道桓文之事」之非。〈上孫寺丞書〉自記「雞鳴而起，誦孔子、孟軻群聖人之言」。〈答李覯書〉謂《孟子》大醇，荀揚小疵，不可復輕重。〈弔揚子〉引《孟子》謂伯夷爲聖之清者。〈策問三首〉之一問「瞽叟殺人，舜竊負而逃之事」之是非。〈策問六首〉之三問《孟子》是否眞有關楊墨之功；之六問《孟子》言仁義而後其君，是否爲賢人之言。是也。

　　今考覯書之引《孟子》，以態度分，可得二類。一爲引述《孟子》以證己說，如〈內治〉第七、〈國用〉第四、第十、〈刑禁〉第四、〈廣潛書七〉、〈損欲〉、〈本仁〉、〈延平集序〉、〈送嚴介序〉、〈上孫寺丞書〉、〈答李覯書〉、〈弔揚子〉等篇所引是也。一爲批評《孟子》之說，如〈富國策〉第五、〈平土書〉、〈敍陳公變字〉、〈策問三首〉之一、〈策問六首〉之三、之六、《常語》三條、余允文《尊孟辨》所引《常語》佚文十六條，皆或隱或顯，寓有批評《孟子》之意。就其引《孟子》文之態度觀之，則覯似喜《孟子》，又似不喜《孟子》。若就其引文內容而排比檢視之，則發現引述之語與批評之文頗多相互鑿枘，如〈國用〉第四引《孟子》「仁

────────────

〔註20〕見《太史升菴外集》卷四十八。
〔註21〕說見諸家所作《李泰伯文集》敍。

政必自經界始」，第十引《孟子》「稅斂以歲之豐欠爲度」，以證與「王制」同道；《常語》佚文第一條則云「《孟子》之仁義，所以亂天下」，佚文第九條則譏《孟子》不知王制，「教人以不知量」，〈平土書〉亦評《孟子》論周代稅制「顧先後反」；此其一也。〈刑禁〉第四甚美《孟子》論瞽瞍殺人，舜竊負之以逃；〈策問三首〉之一則云「宗室有罪，尚有八議，況爲天子父，而吏得執之」？此其二也。〈本仁〉引《孟子》之論武王伐紂，證「仁者固嘗殺矣」；《常語》佚文第四條則於是事論之曰：「吾乃不知仁義之爲篡器也」；此其三也。其更甚者，《常語》佚文第一條云：「彼《孟子》者，名學孔子而實偕之者也，焉得傳？」第四條譏《孟子》之仁義爲篡器，第六條譏《孟子》亂君臣之位，第七條譏《孟子》反經背道，第十條譏《孟子》之論舜事父母、友昆弟之道爲「皆委巷之說而孟子聽不聰」，第十二條譏《孟子》之言迂闊無驗，第十三條譏《孟子》論樂而誣文王，第十四條謂《孟子》「不仁甚矣」，第十六條譏《孟子》之說諸侯爲說其取王位，而非行王道，攻之可謂激烈甚至；乃〈延平集序〉中稱其德行，〈答李觀書〉中謂「孟醇荀疵」，〈上孫寺丞書〉中竟云：「雞鳴而起，誦孔子、孟軻群聖人之言，纂成文章，以康國濟民爲意。」此其四也。比照其文，若非出於一人之手，啓人疑竇甚矣。

考《盱江集》之再傳世，當以明左贊所編本爲始，集中《常語》之辨孟者十六條，即爲贊所刪去，故《四庫全書總目提要》論之云：「文中亦頗引及《孟子》，……以所刪《常語》推之，毋亦贊所竄亂歟？」（卷一百五十三）所見甚諦。據宋人之言及《常語》所論者推之，李觀確不喜《孟子》，引文中之評孟者與其志意合，必其書所原有，如〈富國策〉、〈平土書〉中所引之類是也；而其盛稱孟子之德行言論及引《孟子》文以證己說者，則當爲左贊所竄亂矣。提要所論，稍欠明晰。左贊爲明英宗天順丁丑（1457）進士，其編《盱江集》於明清傳本中爲最早行世者，明正德戊寅（1518）孫甫本、萬曆孟慶緒本、清康熙乙巳李化鼇本、光緒癸巳謝甘棠本，恐皆據之，故書中增刪竄亂之處皆無大異。楊升菴爲明正德辛未（1511）進士，晚左贊五十餘年，據左贊曾加竄亂之書，以證李觀未嘗不喜《孟子》，既已不見《常語》全文，又略不一考引文中自相違異之處，而欲駁宋人之說，自宜爲左贊所欺，而致辨僞爲眞矣。

因私愛其書而蔽於己，而欲辨僞爲眞者，如舊題鄭思肖《心史》即爲其例。據傳明崇禎十一年戊寅（1638）仲冬，蘇州承天寺狼山房浚眢井，於井中得一鐵函，函中藏《心史》一書。據書中所記，距思肖宋德祐九年（1283）封沉之時已三百五十六載，其事甚奇。昔人之論此書，云其可疑者多端：來歷出乎常情，一也；記事與史不合，二也；自記生平年代不符，三也；所敘事多不常見，四也；文詞蹇澀難

通，五也；表現之思想與本集不同，六也。以可疑諸端勘之，其書當爲僞作矣。然自明以來，論其爲眞者復不少，明季之刻其書及爲之題跋者固愛其書矣，明顧炎武、清姚際恆、民初歐陽漸亦深信之，而以近人余嘉錫爲之辨解最詳。余氏所辨雖以辨駁《四庫全書總目提要》之說爲主，而引述詳瞻，舉凡論《心史》之可信之說皆搜羅無遺，其辨證足以代表此派之論。大要言之，余氏首辨是書來歷確無可疑，并舉明張國維序略、是書序後別紙、承天寺藏書井碑陰記、是書附錄明馮維位等人〈題跋〉十六篇、錢樹樂《心史》〈詩序〉、顧亭林〈井中心史歌序〉、林古度、曹學佺序、汪駿聲跋等文與鄭敷教（桐菴）年譜、徐樹丕《識小錄》、劉鑾《五石瓠》等書之述及《心史》者以證之。次辨是書不避宋帝諱字爲抄者所妄改，其誤蒲壽宬爲蒲受耕乃因口耳相傳而據音書之。三辨是書文詞較之思肖本集《所南文集》，固明白易解，並非全是蹇澀難通。四辨是書紀錄宋末事之間有未確，實由於據潰卒逃兵之口，故難免失實，並舉記宋末事有誤者數書，以證其說。五辨是書之記謝枋得降元，純出草野傳聞。六辨凡謂是書爲僞者皆言之無據或別有用心，皆不足據信〔註22〕。則是書似又爲眞。

　　按：凡辨僞證眞之事，必依證據爲說，然辨僞與證眞之法又復不同。若有一書，其中敘事大致皆合，而有一處可疑，則吾人即可疑其書爲僞；可疑之處愈多，則其爲僞作也愈顯然。然若欲證其書之爲眞則不然，欲證其書之爲眞，首要之事乃在檢視其可疑處是否爲無足疑，亦即是否「所疑非理」？必證其書可疑處盡皆無疑，然後足證其書爲不僞。

　　今考余氏之辨證，雖可解釋是書部份之疑點，如是書確由浚井而得、書文曾經妄改、記事得之傳聞而失實之類，皆事理之可能而可說者。然於是書重大疑點則多不能解之，如余氏於是書文詞蹇澀難通處，謂其較《所南文集》爲明白易解，然是書行文確有文理難通之處，與《所南文集》之論理玄深實大有區別；於是書記事與史不合處，謂其遽信傳聞，故難免小誤，然何記元初年號之年代與自敘生平之年代，亦皆懸差數年？又余氏於凡提及是書爲僞者，或指其人「不知夷夏之辨」，或云其人「肆口詆諆」、「吹毛求疵」，近乎意氣之論，正不足掩疑者之口。

　　據上所述，《心史》一書當爲僞作，故余氏所辨雖繁，要亦難補其敗闕。余氏蓋因其書以鼓吹民族大義爲名而私愛之，不欲見發揚大義之書而淪爲僞籍，故不覺蔽於私見而作彌縫之辨耳。

〔註22〕說見《四庫提要辨證》卷二十三。

第四章　宋代僞撰別集板本考辨

　　宋代別集有因涉於板本問題而僞者。所謂涉於板本問題而僞，意指其人別集原本之內容、撰者本皆不僞，而另有別本之內容、形制則有僞也。所謂別本內容形制有僞者，其情況亦頗不一：有歷來總集、選集、類書、詩話、筆記、他人別集等書，或選其人之詩文而誤入他作，或記一篇詩文之作者而與本集違異者；亦有其人別集古有傳本，今雖不可得見，而昔人嘗明言其爲僞者，或嘗明言其書中雜有僞作者；又有其人別集之板本形制顯有曾經改造之痕跡，或其書別有傳本而內容、形制與原本不合者。諸如此類，謂其別集全眞固不宜，謂其別集爲僞亦不可；然而若謂其書別本有僞，則似較恰當。本章所謂板本考辨，即就宋人別集中之有此類現象者，分節考辨之。

第一節　據舊籍所記知古本內容有僞

　　宋人別集之有僞作，在當時即有言之者。古人之言，雖未必皆可據，然其說或得之目見，或得之耳聞，必有所據，當較後人推斷之言爲可信，故舊籍所記，可爲考辨宋代僞撰別集之證也。

　　舊籍記載其書古本內容有僞，可分二項述之：一爲記其書古本篇章有僞；一爲記其書古本內容曾經竄亂。

一、記其書古本篇章有僞

　　其間有舊籍記其古本有僞作，今本則已刪去之者。

　　如曾鞏《元豐類稿》，南宋刊本已不免雜入僞作，後經重編而刪去之，清何焯《義門讀書記》校《元豐類稿》後自跋引明何喬新論其事云：「《南豐續稿外集》，南渡後

散佚無傳。開禧間，建昌趙汝礪始得其書於先生族孫灘，……乃與郡丞陳東合《續稾外集》，校定而刪其偽者。……」何氏或據舊序而言之歟？

又如蘇過《斜川集》，眞本久佚，自元以來，書賈皆以劉過《龍洲集》冒斜川之名而行世，《四庫全書總目》集部別集類存目一所論者即爲是本。《苗宋樓藏書志》有吳長元手抄本《斜川集》八卷，並載吳氏手跋云：「蘇叔黨《斜川集》二十卷，世罕傳本，余昔見書賈持售者皆宋劉過《龍洲道人集》，同名而易其姓，以應好古之求耳。後閱王弇州題跋，言以劉集充《斜川》，自元季已然，不自近始。因歎〈廣陵散〉久絕人寰矣。」（卷七十八）敘其事甚明。按：偽造之《斜川集》雖有傳本，然眞本《斜川集》有傳錄舊抄本六卷，猶行於世；劉過《龍洲集》亦有四庫著錄本十卷。則贗本雖敗，亦不足惜。

再如廖行之《省齋集》，宋本有與周必大之作相亂者。《四庫全書總目提要》引宋潛敷敬跋而論之云：「（集中）表啓，多互見周必大集中，蓋以必大亦有省齋之名，故相混淆。今檢勘必大全集，實無一篇與此相複，當由後人知其誤載，從而刊除矣。」（卷一百六十一）故其書今世又復其眞。

亦有舊籍記其古本多偽，今本猶踵謬承謬而存之者。

如王安石《臨川集》，宋時行本已多雜偽作。宋魏了翁〈臨川詩集序〉論其事云：「國朝列局修書，……臣下之文，鮮得列焉。惟臨川王公遺文，獲與編定，薛肇明諸人，實董其事。然肇明諸人所編書，卒以靖康多難，散落不存。今世俗傳鈔，已非當時善本；故先後舛差，簡帙間脫，亦有他人之文淆亂其間。」〔註1〕記其致偽之由甚明。按：肇明所編已多誤入〔註2〕，今本《臨川集》中頗多謬入之作，雖與南宋世俗之傳抄有關，然恐亦原編本之疏失有以致之耳。

又如蘇軾《東坡集》，自宋世流傳之本即多偽作！故舊籍之記其偽況者亦最多。其中有泛論其古本多偽者，如《茗溪漁隱叢話》曾見《大全》、《備成》二集，其中詩篇，正如東坡自言：「眞偽相半」（後集卷二十八）。亦有記其古本雜以老蘇、潁濱、小坡之作者，如前書同卷記《三蘇文》一書誤以老蘇〈諫論〉二篇誤屬東坡。又如《直齋書錄解題》記宋時麻沙書坊有《東坡大全集》多雜以潁濱及小坡之文（卷十七）。再如《四庫全書總目》集部別集類存目一引明焦竑之序《東坡外集》，云世傳《東坡集》，亂以老蘇〈水官〉、〈九日上魏公〉、〈送僧智能〉三詩，叔黨〈颶風〉、〈思子臺〉二賦，子由〈和陶擬古〉九首、〈大悲圓通閣記〉（卷一百七十四）。又有記其古本雜以他人之作者，如周紫芝《太倉稊米集》有〈書舜民

〔註1〕見《鶴山大全集》卷五十一。
〔註2〕詳本文第五章第三節。

集後〉一篇，稱張舜民〈題庚樓〉詩，世或載之《東坡集》中。《容齋五筆》記宋蘇嶠所編《東坡集》《奏議集》誤入〈登州上殿〉三劄（卷九）。《捫蝨新話》稱坡集中〈葉嘉傳〉、〈和賀方回青玉案〉、〈醉鄉記〉、〈睡鄉記〉等篇皆非坡作（卷六）。《避暑錄話》云坡集中〈溫陶君傳〉、〈黃甘綠吉傳〉、〈江瑤柱傳〉、〈萬石君傳〉、〈杜仲傳〉皆非子瞻作（卷四）。《古今黈》稱坡集中〈詩評〉兩卷非東坡自作〔註3〕以上所引皆宋人之書，則皆是宋時傳本有僞入也。《四庫全書總目提要》亦引明焦竑之序《東坡外集》，稱世俗傳本坡集中〈虛飄飄〉三首、〈醉鄉記〉、〈代滕甫辨謗劄子〉各篇皆秦觀、黃庭堅、僧無功、王素等人之作而誤入（卷一百七十四）。此又明時傳本之有僞者也。按：諸書所記古時傳本誤入之各篇，今猶多數見載《東坡集》中，足見古本之有僞作，於後世行本之眞僞頗有影響。

再如李昭玘《樂靜集》，宋本已有攙入。《皕宋樓藏書志》有是書舊抄本，嘗借周季貺藏影宋抄本校之，乃知周本卷十六〈吳正字啓〉後半攙以他文（卷七十八）。則周氏所據宋本已誤攙之矣。

又有別說所論篇章作者有僞，舊籍爲之舉正者。

如王安石嘗題「濃綠萬枝紅一點，動人春色不須多」二句於所持扇上，《王直方詩話》以爲是聯乃荊公作內相時遊翰苑所作〔註4〕；《石林詩話》亦以爲其詩爲荊公少時所作（說見卷中）。而《遯齋閒覽》云此聯爲唐人詩，鄧元孚曾見介甫親書此兩句於所持扇上，其實非介甫自作〔註5〕。遯齋所記明而有據，可正直方、石林二說之誤。

又如宋有許姓官右丞者，曾作〈陳少陽哀詞〉一篇，《四庫全書總目提要》以爲乃許景衡之佚篇（說見卷一百五十六）。《溫州經籍志》辨正之云：「《朱子語類》（卷一百三十一）所記許右丞〈陳少陽哀詞〉，《四庫提要》指爲橫塘佚文。考周必大《平園續槀》十一〈跋歐陽徹哀詞〉，謂〈陳少陽哀詞〉爲許崧老作。崧老乃許翰字，翰，建炎初亦爲右丞，故朱子亦稱爲許右丞，非橫塘作也。」（卷十九）此足辨提要所說之僞矣。

二、記古本內容曾經竄亂

其中有舊籍記其古本雖經竄亂，今本則猶存其原面者。

如米芾《寶晉英光集》，於明世曾經張丑竄增，幸其本不及行世，故是集未爲所

〔註3〕說見余嘉錫《四庫全書總目提要補正》卷四十六引李治《古今黈》。
〔註4〕說見《苕溪漁隱叢話》前集卷三十四引《西清詩話》。
〔註5〕同上註。

亂。《楹書隅錄》引明戒菴老人之跋是書云：「集六卷，叢書堂版舊鈔，吳文定公原博故物也。已爲張青甫改竄，雜取吳中贋跡，增至十卷，將以行世。余恐其亂眞，亟取故本錄之。」（卷五）又云：「吳枚菴云：『戒菴老人，李姓訒名，萬曆間人，與青甫同時人。』」（同上）則此集之不爲贋作所亂者，戒菴之功也。

亦有舊籍記其古本曾經竄亂，今本猶承襲其謬者。

如曾鞏《元豐類稿》，自明世刻本即舛譌甚多，後刻者亦承襲其謬，無能是正。清何焯《義門讀書記》引何喬新《椒邱文集》云：「國初惟《類稿》藏於秘閣，士大夫鮮得見之。正統中，昆夷趙司業琬，始得《類稿》全書，以畀宜興令趙旦刻之，然字多譌舛，讀者病焉。成化中，南豐令楊參，又取宜興本重刻於其縣，踵譌承謬，無能是正。」故義門爲之作校正五卷，所校正者有顚倒詩題、妄增題目、脫落原註等事。清康熙中長洲顧崧齡亦有刊本，補遺數篇，然於楊本訛舛處，亦未改正。《四庫全書總目》以顧本著錄，而據何本點勘者補正其譌脫〔註6〕，然恐亦未復其舊觀也。

又如蘇軾《東坡集》，集中文亦不免於竄刪。《容齋五筆》記之云：「東坡在翰林，作〈擒鬼章奏告永裕陵祝文〉云：『大獮獲禽，必有指蹤之自；豐年多廩，孰知耘耔之勞。昔漢武命將出師而呼韓來庭，效于甘露；憲宗屬精講武而河湟恢復，見于大中。』其意蓋以神宗有平睰氏之意，至于元祐，乃克有成。故告陵歸功，謂武帝、憲宗，亦經營於初而績效至於二宣之世。……今蘇氏眉山功德寺所刻大小二本，及季眞給事在臨安所刊，并江州本、麻沙書坊大全集，皆只自『耘耔』句下，便接『憬彼西戎，古稱右臂』。正是好處，卻芟去之，豈不可惜？唯成都石本法帖眞跡獨得其全。」（卷九）今《東坡內制集》卷四此篇正闕容齋所云數句，其不全所來久矣。

再如李壁《箋註王半山詩集》，今世傳本已非宋時原面，蓋曾經刪節故也。《拜經樓詩話》云：「宋李雁湖《箋注王半山詩集》，海鹽張氏所雕者乃劉辰翁節本，失雁湖本來面目。」《四庫全書總目提要補正》證其說云：「《困學紀聞》云：『雁湖注荊公詩，於〈日出堂上飲〉之詩，「爲客當酌酒，何預主人謀」，則引鄭氏考槃之誤以寓其譏。』今此本無引鄭氏考槃之誤語，則吳說信矣。」（卷四十五）則李注王詩自元已非其全矣。

其餘，舊籍尚有記別集中之字句訛誤、文字殘損、書板漫漶者，其例不勝枚舉；以其無關僞事，故不俱論。

<hr>

〔註6〕說見《四庫提要》卷一百五十三。

第二節　據本集校勘證別本內容有偽

宋人別集之板本既多，則不免異同。就其內容不同之二本或數本校之，自以本集編錄者較可據信，故較之本集可為別本作偽之證。其間又可分據作者本集、據他人本集、據作者事蹟三項以證別本內容有偽。

一、據作者本集可證別本內容有偽

宋集若傳本不同，當以本集為可據，故其本集尚存，則可證別本有偽；而別本之尚存，亦時而可為本集之參正。

如劉敞有《公是集》，又別有新喻本三劉文集之《公是集》，《四庫全書總目提要》據本集而考別本之偽云：「今新喻所刻三劉文集，《公是集》僅四卷。……以劉跂〈趙氏金石錄序〉、〈泰山泰篆譜序〉誤入集中。即敞所作〈公是集序〉，亦采自《文獻通考》而未見其全，故註云『失名』。」（卷一百五十三）是也。

又如歐陽修有《居士集》，又別有陳亮編《歐陽文粹》，以《居士集》較之《文粹》，《文粹》中篇章雖頗經竄亂，而本集中反有賴於別本之參正者，《四庫全書總目提要》考之云：「是書卷首有〈原正統論〉、〈明正統論〉、〈正統論上〉、〈正統論下〉四篇；《居士集》則但存〈正統論〉上下二篇。其〈正統論上〉，乃以〈原正統論〉『學者疑焉』以上十餘行竄入；而論內『其可疑之際有四，其不同之說有三』以下半篇，多刪易之。其〈正統論下〉，復取〈明正統論〉『斯立統矣』以上數行竄入；而論內『昔周厲王之亂』以下，亦大半刪易之。其他字句異同，不可枚舉。」（卷一百五十三）則陳亮所編本，固足資參考，不妨與原集並存也。

再如周麟之有《海陵集》二十三卷外集一卷，又別有《海陵集》一卷，乃書賈作偽之本，《四庫全書總目提要》據本集考之云：「此本……即外集一卷，書賈削去標題外集字，別作偽帙，以售欺耳。」（卷一百七十四）是也。

又，據本集亦可證他書所錄詩文之偽。

如蘇轍《欒城集》卷八有〈次韻秦觀秀才攜李公擇書相訪〉一首，秦觀《淮海集》卷三〈別子瞻〉後附子瞻和詩二首，其第二首即轍此篇。據《欒城集》，此篇必非東坡作，則《淮海集》附錄誤署。

又如蘇泂《泠然齋集》中有〈輓姜堯章〉一首，元陸友仁《研北雜志》、清厲鶚《宋詩紀事》（卷五十九）皆引之，其作者皆作蘇石，《四庫全書總目提要》以為其名傳寫字誤，云：「殆必原書題作蘇召叟，傳寫者脫去叟字，又誤召為石，逐致輾轉沿譌，莫能是正。」（卷一百六十三）其說是也。

再如趙師秀有詩〈黃梅時節家家雨〉一首，《七言千家詩》誤作司馬光。劉後村

有詩〈寂寂柴門村落裏〉一首，《七言千家詩》誤署趙元鎮〔註7〕，亦是其例。

若作者曾自言其詩事，亦可證別說別本有偽。

如黃庭堅《山谷內集》卷十一有〈記夢〉一首。《冷齋夜話》論其本事，稱庭堅曾與共宿湘江舟中，親話有夢與道士游蓬萊，覺而作是詩；且記「靈君色莊妓搖手」句云：「今山谷集語不同，蓋復更易之耳。」然《洪駒父詩話》云：「予嘗聞山谷云：『此篇記一段事也。嘗從一貴宗室攜妓女游某寺。酒闌，諸妓皆散入僧房中，主人不怪也。故有「曉然夢之非紛紜」之語。』」所記與《冷齋》全異（皆見任淵注）。《四庫全書總目提要》斷之云：「（惠洪）殆竄亂其說，使故與本集不合，以自明暱於庭堅，獨知其詳耳。」（卷一百二十）洪駒父親聞山谷述其事，當可正《冷齋》之偽說。又庭堅復有《山谷外集》，宋李彤跋之，稱：聞山谷自巴陵取道通城入黃龍山，為清禪師徧閱《南昌集》，自有去取。彤後得本，用以是正。其言非予詩者五十餘篇。彤亦嘗見於他人集中，輒以除去〔註8〕。則李彤亦據作者自言而去別本之偽者也。

二、據他人本集以證別本內容有偽

宋人別集之別本，若有詩文互見於他人集中，自以他人本集為可信，故他人本集可證作者之書別本之偽也。

若他人本集有之，則可證作者之書別本有偽。

如王安石有《臨川集》，《七言千家詩》又有安石詩〈清溪流過碧山頭〉一首。然此詩不見於《臨川集》，而載於《朱子大全集》，則當為朱熹之作，《千家詩》偽入〔註9〕。

又如黃庭堅有《山谷集》，又別有《精華錄》，錄中〈西湖徙魚和蘇公〉二首又見於陳師道《後山集》卷三；又有〈新竹〉一首，又見於《劍南詩藁》卷五，題作〈東湖新竹〉。考之二人本集，當一屬陳師道，一屬陸游。

又，他人本集有之，亦可證作者詩文之別說為偽。

如《湘山野錄》云陳彭年有詩〈盡出花鈿散玉津〉一首。《能改齋漫錄》云此詩見載唐顧陶大中丙子所編《唐詩類選》，署陽郇伯，題作〈妓人出家詩〉，首句作「盡出花鈿與四鄰」，與彭年詩小異。《漫錄》論之云：「豈後人改郇伯詩，託以彭年之名，而文瑩又不考之過耶？」（卷三）《堯山外紀》亦云此詩又載《唐律》，題作〈送妓入道〉，為楊郇伯作。《全唐詩》卷二百七十二有楊郇伯此詩，與《能改齋》、《堯山》

〔註7〕說見清歐陽泉《點勘記》卷下。
〔註8〕說見《四庫提要》卷一百五十四《山谷內集註》提要。
〔註9〕同註7。

所記正同，則《湘山野錄》之說偽矣。

又如《王直方詩話》云梅聖俞詩有兩句云：「胡地馬牛歸隴底，漢人煙火起湟中」，陳無己甚喜之。《苕溪漁隱叢話》云曾徧閱《宛陵集》並無此詩，而王安石《臨川集》反有之，題作〈次韻元厚之平戎慶捷〉（說見前集卷三十一）。則王直方之說為偽。

又如《復齋漫錄》引《雲齋廣錄》，云馮當世有題江亭詩，中有兩句云：「江神也世情，為我風色好。」然復齋曾讀《唐文粹》，見施肩吾〈及第後過揚子江〉詩，末聯正作此，乃知當世取肩吾末句題於江亭，非自作〔註10〕。今考《全唐詩》收施肩吾詩一卷（卷四百九十四），正有此詩。則雲齋之說確偽。

又如《澠水燕談錄》云張芸叟有〈題大蘇集後〉詩，中有兩句云：「誰傳佳句到幽都，逢著胡兒問大蘇。」（說見卷七）然考蘇轍《欒城集》卷十六有〈奉使契丹〉二十八首，其〈神水館寄子瞻兄四絕〉之三有此兩句，云：「誰將家集過幽都，逢見胡人問大蘇。」故《苕溪漁隱叢話》疑好事者改其詩而署張舜民（說見前集卷四十一），則《燕談錄》為好事者所欺而誤記之也。

又如《冷齋夜話》云曾子宣夫人魏氏有〈虞美人草行〉詩一首。然《苕溪漁隱叢話》據數端考知冷齋之偽，云：「余昔隨侍先君守合肥，嘗借得許表民家集，集中有此詩。又合肥老儒郭全美，乃表民席下舊諸生，云親見渠作此詩。今曾端伯編詩選，亦列于表民詩中。覽者可以無疑，亦知冷齋之妄也。」（前集卷六十）所論確矣。

即他人本集無其文，亦可證別說之偽。

如崔敦詩有《玉堂類稾》，《宋史・藝文志》（卷七，別集類）著錄此稾，而署名周必大。然此集中文皆必大《益公集》所無，或益公初編亦有此名，然於今視之，宋志畢竟誤署其名〔註11〕。

三、據作者事蹟與其書流傳之情狀以證別本有偽

宋人別集之別本，若其所記年代、事蹟、疆域與作者不符，或其所記其書之流傳與實情不合，則其本自是可疑。

舉例言之，若其書別本所記年代事蹟與作者不符，則可知其本詩文附註為偽。

如華鎮有《雲溪居士集》，《宋詩紀事》（卷二十七）又別有其〈會稽覽古詩〉五首。鎮生於仁宗時，而此詩第五首〈雙筍石〉題下繫其本事，乃載高宗末年及孝宗

〔註10〕說見《苕溪漁隱叢話》後集卷三十五引。
〔註11〕說見《持靜齋藏書紀要》。

末年事，事甚可疑。《四庫總目》著錄《雲溪居士集》，據《宋詩紀事》補入此五首，而考第五首之註云：「考鎮於元豐二年登時彥榜進士，其〈上章待制書〉云：『叨竊名第，二十八歲矣。』以年考之，鎮生當在仁宗皇祐三年（1051），歷高宗之末年（1162），當一百十三歲（科按：當云一百十二歲），孝宗之末年（1189），則百四十三歲（科按：當云百三十九歲）。況鎮子初成於紹興十三年（1141）以鎮遺集乞序於樓炤，則在高宗中，鎮亡已久。其所系解題，本出《會稽續志》原文，特引鎮詩以證之，故載有高孝兩朝時事；鶚初弗深考，而直據志漫錄，訛謬甚矣。」〔註12〕所說甚是。

若其書別本所記疆域與作者時代不合，則可知其本輿圖爲僞。

如范仲淹有《范文正集》，其中並無輿圖，而清張秋水曾從《范文正集》舊本影抄宋世北疆輿圖一幅，其中城砦與仲淹時宋之疆域不合，沈垚考之云：「圖中有綏德軍及御謀城。文正仕仁宗朝，其時綏川爲夏地，公但使种世衡城青澗而已。熙寧三年，收復綏州爲綏德城；元符二年，始改爲軍，則去公薨久矣。……至御謀城之築，則在崇寧三年，其時（范）忠宣（科按：仲淹子）已薨。」〔註13〕則此圖必非文正原書所有，當爲別本僞入。

若其書別本所記其書之流傳與實情不合，則可知其本或出僞編。

如蘇軾有《東坡集》，又別有《東坡外集》，不著編者名氏，前有明焦竑序，稱其本傳自秘閣；《繡谷亭薰習錄》稱：「此編坡公前後二集未錄之文，萬曆戊申濟南丕揚視鹺兩淮日所刻，有序，瑯琊焦竑、晉興毛九苞并序。序中只言向有《外集》一書而已，不詳編自何人。其卷首載坡公集名，如《南行集》，《坡梁集》、《錢唐集》、《超然集》、《黃樓集》、《眉山集》、《武功集》、《雪堂集》、《黃岡小集》、《仇池集》、《毗陵集》、《蘭臺集》、《眞一集》、《岷精集》、《掞庭集》、《百斛明珠集》、《玉局集》、《海上老人集》、《東坡前集》、《後集》、《東坡備成集》、《類聚東坡集》、《東坡大全集》、《東坡遺編》。并有跋云：『如上諸集，詳加校定，輒以類附，合爲一編，目曰《外集》。親躓出于先生孫子與？凡當時故家者皆在，庶幾觀是集者，并前後二集；則先生之文，無復逸遺之憾。』據跋語，似出舊人所編；且諸集在當時各有單行，後人又不可不知也。」（集部一）其所列集名，《四庫提要辨證》詳爲考之，多不得其出處，故云：「《外集》之編纂，當出南宋人之手，否則凡此諸集，何以元明間無一人道及，況見其書乎？」（卷二十二）

按：此集所記東坡集名及東坡書之流傳，與實情頗有不合，恐是明人隨蒐所見

〔註12〕見《四庫全書考證》卷七十九。
〔註13〕同註3。

東坡詩文而任意編之，集名、跋文恐亦皆偽撰。其所記有可疑者三：一、據《薰習錄》所記，是書既編「東坡前後二集未錄之文」，而卷首所列集名又有前後二集之目，似已自相淆亂而不自知。二、卷首所列集名，除余氏舉其七種外，餘皆不經見；若其書果眞出自南宋人之手，則元明無人道及，謂其皆佚可也，然何蘇軾墓誌、宋代舊志、蘇嶠刊建安本、臨州本，下及南宋之刊刻軾集者亦皆未曾言之？三、據跋中語意，似是集未刊之前，軾文逸遺尚多；然東坡一代文宗，習文者於其詩文珍若拱璧，故東坡之書，溢收者多，遺漏者少，不當如跋文所云。其可疑者如此，故當出自偽編。辨證狃於跋中「親蹟出於先生孫子」一語，以爲「當出南宋人之手」，不敢疑之。《四庫全書總目提要》斷爲「外集之名，殊無根據。……此直（焦）竑以意刪併，託之舊本」（卷一百七十四），則應得其實矣。

第三節　據善本以證別本形制有偽

　　以同一宋集之兩傳本相校，若其中一本之形制曾經改造，自可一目了然，故校之善本，可爲別本作偽之證也。特本節所謂善本，約指舊刻本、舊抄本、足本、原本等義而言，一以其形制爲論，其刊刻內容之精粗，則在所不問，故與一般校讎學所言之善本取義不同。

　　舊刻本中，宋刻本自可校知後世傳本之形制曾經改造。

　　如《鐵琴銅劍樓藏書目錄》有宋刊本司馬光《溫國文正司馬公文集》，校知後世行本《傳家集》誤編者劉嶠之名爲劉隨，并節去劉序首尾及年號官銜（說見卷二十）。

　　又如《舊本書經眼錄》有宋淳祐閩憲司刊本史季溫注《山谷外集》，校知明嘉靖刊本中間抄補五頁，俱非史氏原文，乃昔藏者意綴（說見卷一）。

　　再如《儀顧堂題跋》曾見宋刻黃榦《勉齋集》，校知清世刻本雖仍四十卷之舊，而前後編次，多非舊第；竄易脫落，又復不少，已非宋本舊觀（說見卷十二）。

　　又如《鐵琴銅劍樓藏書目錄》有宋刊殘本劉克莊《後村居士集》，校知清世傳抄本多非全帙，乃後人分析殘書之卷第以足原本卷數，故每致凌亂失次（說見卷二十一）。

　　即覆宋刊本亦可校知後世傳本之形制曾經改造。

　　如《思適園集》曾見明嘉靖壬辰太原府覆宋紹興十七年婺州刊本蘇洵《嘉祐集》，校知清康熙蘇州邵仁泓刊本多經改造，其〈嘉祐集跋〉云：「蘇明允《嘉祐集》十五卷，自晁氏《讀書志》、陳氏《書錄解題》、馬氏《經籍考》諸家著錄，名目卷數，

無不相同，何義門言嘗見宋槧，所謂紹興十七年婺州本，曾在傳是樓者正如此，明嘉靖壬辰太原府尚有重刻本，予曾收之，是《明允集》之真未亡也。後有邵仁泓者，凡增第八〈洪範論〉、第十七至末〈謚法〉共五卷，以附合明允墓誌、哀詞等稱二十卷之數；餘十五卷中又往往有增入之篇，全非本來，而《明允集》之真幾亡矣。至其名目，改云《蘇老泉先生全集》，為同時閻百詩所笑。……邵更造凡例數則，反謂之依宋本改正，思掩其失，豈不可笑？」〔註14〕其所改造，可謂多端。

又如《善本書室藏書志》有日本翻宋紹定本宋任淵註《山谷詩集註》，校之錢曾《讀書敏求記》，乃知錢氏所見本於各詩題下註腳皆經削去。又有明弘治影宋紹定本之傳抄本，校知清世行本每匿去舊序，偽充宋刻（說見卷二十七）。

如《皕宋樓藏書志》有元刊本范浚《香溪集》，題門人高梅編，校知清世行本題高梅者為誤（說見卷八十）。此據元本以校知者也。

又如《楹書隅錄》有明刻本文天祥《文信公集杜詩》，首載永新劉定之序，卷末有壬午元日一跋，校之四庫著錄本，乃知四庫所據為坊間劣本，其序跋已經妄人刪併竄亂，失原本之真（說見卷五）。此據明本以校知者也。

其據舊抄本校知其書別本形制曾經改造者，亦常見之。

如《儀顧堂題跋》有影宋寫本王令《廣陵先生文集》二十卷附錄一卷，校之四庫著錄三十卷本及《張月霄藏書志》著錄四十卷本，知二本詩文皆無所增益，乃經後人分析卷數，欲以欺世者（說見卷十一）。

又如《宋元舊本書經眼錄》有仿宋舊抄本司馬光《傳家集》，闕卷四十八至六十凡十三卷，按所闕文篇目，拾以補觀清康熙夏縣刻殘本，乃知夏刻卷次多經妄改（說見附錄一）。

又，據其書底本或原本亦可校知別本形制有偽。

如蔣堂《春卿遺稿》清世刻本乃以《吳都文粹》所錄者為藍本，《儀顧堂集》據《文粹》校之，乃知清本改易篇題、割裂案語附之題下，改動不止一端，四庫輒又承襲其謬而著錄之（說見卷十七「《春卿遺稿》跋」）。

又如《唐庚子西集》，宋鄭康佐所編者三十卷，舊抄本鄭跋言之甚明，清汪亮采重編之。汪氏見舊志皆作二十二卷，己所編者本文亦二十二卷，故改鄭跋中「三十」字作「二十二」以牽合之，《儀顧堂題跋》卷十一有鄭康佐編《眉山唐先生文集》三十卷，可證也〔註15〕。

另，據其書足本亦可校知殘闕之本為偽作。

〔註14〕同註3。

〔註15〕見《四庫全書總目提要補正》卷四十七。

如魏野《東觀集》已有足本十卷，又別有補遺三卷，《四庫提要》以足本校之，知其即足本之四至六卷，故提要謂其「蓋書賈作偽之本，不足爲據。」（卷一百五十二）。

又如清翁方綱曾見清時有查愼行《補註東坡編年詩》之足抄本，乃知通行刻本多刪去施氏原註，但載補註，與查氏足本面目大異，使閱者不滿〔註16〕。

第四節　據其書作偽痕跡知其書板本形制改作

其書板本作偽，常有痕跡可尋，故清代藏書家常據板本偽跡以鑑知其書板本之偽，其論及宋人別集板本之偽跡者亦不少，類而分之，約有數項，如：其本序跋抽除、其本題記剜補、其本刻年偽補、其書卷目經改、其書板式偽造等，是也。諸如此類，自皆足證其本形制有偽矣。茲據其各類偽跡而舉例述之。

其本序跋抽除而顯偽跡者，如明正統間刊本梅堯臣《宛陵先生集》，其本固常見，而書賈輒匿去書前刻序，欲作元槧，然其板式則爲明刻黑口，與元刻不類〔註17〕。

又如《海日樓題跋》有明方子及改編重刻本《山谷正集》，光啓堂依之重刻，而不刻方序，似欲冒充舊本，其作偽之意顯然（說見卷一）。

其本題記剜補而顯偽跡者，如《書林清話》記元皇慶壬子余氏勤有堂所刻宋人《集千家註分類杜工部詩集》，其板後歸葉氏廣勤堂，遂剜去勤有堂木記；明嘉靖間汪諒得其板，又易廣勤堂木記改刊「汪諒重刊」四字（說見卷四）。蓋欲隱其書板來歷而自炫其刻書之精也。

又如傅增湘藏宋萬卷堂刊本《王狀元集諸家註分類東坡先生詩》，百家註姓氏後，原有「建安萬卷堂刻梓於家塾」木記一行，是本佚去。書賈乃於目錄後偽造木記一行，文曰「泉州提舉市舶司東吳阿老書籍舖」，傅氏謂其「心勞力絀，不值識者一哂」。蓋提舉市舶司雖宋代官署，然萬卷堂亦宋代書肆之有名者，書賈不知其本宋槧，而更剜補題記以偽之，宜爲識者所譏矣〔註18〕。

再如《廉石居藏書記》有元本《王狀元集百家註東坡詩集》，後原有廬陵某書堂新刊墨印，賈人剜去某書堂名，偽跡顯然，即可知非宋刻矣（說見內編卷上）。

其本刻書年號偽補而顯偽跡者，如《天祿琳瑯書目》明板集部著錄明成化四年吉州知府程宗刻本《東坡集》，云：「序後原署姓名，爲書賈剜去，補刊一行，則云：

〔註16〕同前書卷四十六引蘇詩補正。
〔註17〕說見《圖書板本學要略》卷三。
〔註18〕同上註。

『乾道九年閏正月望選德殿書賜蘇嶠』。」書目譏之云：「夫賜書但賜書耳，即以年月姓名標識卷中，宜出手書，不應刊印。……書賈無知妄作，眞不值一噱矣。」（卷十）其說是。

又如中央圖書館藏有明覆宋本《山谷老人刀筆》，於板心中縫逐幅加印「政和元年刊」五字；並將書中宋諱字，剜去末筆，補綴精工，儼然北宋刻本。《圖書板本學要略》論其紙墨與宋本不相侔，且避南宋光宗廟諱，不啻自揭其偽；又詳考加印刊書年號之風起於明代云：「按每板板心刻印刊書年代，宋本書中，罕見此式。自元明修補宋板，每於板心加刻『某年補刊』字樣。其於板心明著刊刻年代者，殆始於明弘治間會通館活字擺印各書。」（卷二）故凡宋板中刊刻年代於板心者，殆皆書賈作偽。則此書之偽跡彰然若揭矣。

其書卷目經改而顯偽跡者，如黃丕烈藏宋嘉泰二年淮東倉司刊本《施顧合註東坡先生詩》，其卷四十一及四十二兩卷，爲〈和陶詩〉之全部。其書後歸海源閣，《楹書隅錄》跋之，云：「此本將原卷第四十一、第四十二數目字俱挖改作上下，板心亦然；則俗賈所爲，欲充宋帙耳。」（卷五）其偽固可一望而知矣。

又如季蒼葦舊藏宋刊《經進東坡文集事略》殘本，《愛日精廬藏書志》記之云：「原書卷帙無考，今存卷一至卷十一、卷三十至卷四十，又卷二十一至二十七，每卷『二』字俱有補綴之迹，細審板口，似是『五』字所改，似卷五十一至五十七歟？」（卷三十）此亦細審而可知也。

其書板式偽造而顯偽跡者，如《天祿琳瑯書目》有元板《東坡七集》一部，云：「前後無序跋，密行細書，橅印工緻，係仿宋巾箱本式，欲以之亂眞者。」又論其板式紙張皆不相稱，因斷之云：「當屬元初人，始有此形。」（卷六）所鑑當不誤。

又如清時書坊所偽蘇過《斜川集》，《四庫全書總目提要》據所見偽跡而論之云：「此集乃近時坊間所刊，其本但有邊欄，而不界每行之烏絲。此本染紙作古色，每頁補畫烏絲，而偽鑴『虞山集古閣毛子晉圖書』一印，印於卷末。蓋欲以宋板炫俗。」（卷一百七十四）可謂無所不偽矣。

再如《天祿琳瑯書目》後目有明本劉宰《漫塘劉先生文集》一部，紙出湮染，欲冒舊本（說見卷七）。亦板式偽造之例也。

第五章　宋代僞撰別集內容考辨

宋代僞撰別集內容方面之僞跡有二：一爲其書內容曾經古人論斷爲僞者，一爲其書表現之內容未能和諧統一者。其書似無僞跡，而古人曾力言其僞，則其言必有所據，可爲僞撰宋集考辨之證，第四章已略論之矣。若其書表現之內容未能和諧統一，則全書顯非出自一手，甚或他人所作，其可疑自不待言；本章據此，就宋代別集中其書來歷、體製可疑，其詩文表現之內容與撰者生平、時代、思想風格不合者，分五節考辨之。

第一節　其書來歷可疑

宋集若有來歷可疑者，則不免於「古無其書，後世乃出」之嫌，其書雖不必即僞，然畢竟不可輕信，故當考之也。宋集於來歷可疑之狀況，可分：一、舊志不著錄；二、其書來歷疑出僞託；三、撰者不自言有其書等三項論之。

一、舊志不著錄

舊志不著錄，雖不必即古無其書，然古之撰書志者未見其書則可斷言，其事自是可疑。

如《四庫全書總目》集部別集類七著錄郭祥正《青山續集》七卷，詩近七百首。其書晁氏《讀書志》、陳氏《書錄解題》均不載，《宋史・藝文志》亦不著錄；前後無序跋，莫審誰所編次。提要雖稱「核其詩格，確出祥正，非後人所能依託」（卷一百五十四），然其書畢竟可疑。考祥正有本集名《青山集》，《晁志》、《陳錄》皆著錄三十卷，四庫著錄亦三十卷，與晁陳二家所載合，當爲宋世完書。《青山續集》則至四庫方見著錄，亦別無舊本可據；清王士禛雖曾見《青山集》閩謝氏寫本六卷，有

古詩二卷，近體詩四卷（詳同上），然並非續集殘本，蓋續集有古詩四卷，律詩三卷，與王氏所見者不合也；則續集之書確前所未聞，此可疑者一也。或者疑祥正詩篇於宋世蒐羅或有未備，故後世復有補輯其詩以成是集者，此又未必盡然。宋人詩文之編輯成集，並非一例全收，時有遺佚，固亦其實（詳第一章第二節）；然祥正才氣縱橫，吐言夭拔，其詩句俊逸，文章驚邁，昔人許爲李白後身，於北宋自是名家，傳誦者多矣。則不當本集既存，而逸詩又達七百首之眾，此可疑者二也。綜此二端，《青山續集》確不足全信矣。

又如《四庫全書總目》集部別集類存目一有幸元龍《松垣集》十一卷。據集中所言，元龍當理宗朝嘗任朝奉郎、郢州通判；然《宋史》不爲立傳，事蹟無可考，其書《宋志》亦不著錄，其題幸清節公撰，又莫詳其得謚之由，則其人其書來歷皆疑不能明，似難遽信。提要以其記事誕妄、不知古人君臣體節，又文詞鄙淺、不知詩文體製，斷爲依託（詳卷一百七十四），蓋有由矣。

又有其書雖見載舊志，而與舊志著錄門類不合者。

如《四庫全書總目》集部別集類十三著錄洪邁《野處類稾》二卷，提要以爲是書乃邁集殘存之本，云：「《宋史·藝文志》載邁《野處猥稾》一百四卷，《瓊野錄》三卷。而陳振孫《書錄解題》，祗載有此集二卷（科按：當云一卷），且云『全集未見』，則當時傳播已稀。觀馬端臨《文獻通考》〈經籍考〉，以別集詩集分類，而收此集於別集中，不知其爲詩集，則亦未見其本，而循名誤載者矣。惟《內閣書目》有《野處內外集》九冊，不著卷數，當即《猥稾》之殘本，今亦未見有傳錄者。世所行邁集，獨有此本而已。」（卷一百六十）然四庫著錄此書與舊志所載之門類不同，恐非邁之所作。考《直齋書錄解題》卷十九詩集類前小序，自敘詩集類著錄之義例云：「凡無他文而獨有詩，及雖有他文而詩集復獨行者，則爲一類。」則析出詩集於別集之外而另成一類者，陳氏之創例也。陳氏解題有是例，而卷十八別集類下著錄《野處類稾》一卷，云：「翰林學士文敏公洪邁景盧撰，其全集未見。」則陳氏親見其書爲文集。馬氏〈經籍考〉六十九詩集類，六十七別集類，即皆引陳氏說，其文並同，惟以此書一卷作二卷爲小異。若馬氏有誤，則是因陳氏而誤；然陳氏自創著錄之例，則不當有自亂其例之事。故宋世之《野處類稾》本是文集而非詩集也明矣。且也，此書自《通考》後，即未再見於舊志，恐宋世即佚之矣。四庫著錄者乃爲詩集，既與舊志所載門類不同，又其書已佚而復出，在在皆顯其不足信矣。

亦有其書雖著錄於舊志，而與舊籍舊志所記卷數全異者。

如《四庫全書總目》集部別集類存目一有陸九淵別本《象山文集》六卷，題九淵門人傅子雲編。前有明萬曆乙卯金谿傅文兆重刻序，稱其友人周希旦得全集

而刻之金陵，集中不敢刊削一字云云。然九淵文集刻本雖多，要從未見全集只有六卷者，提要據九淵年譜及諸志考之云：「考九淵子持之所作年譜云：『開禧元年乙丑，持之編遺文爲二十八卷，外集八卷，楊簡序之。三年丁卯，撫州守括蒼高商老刊於撫州。』是爲初本。又云：『嘉定五年壬申八月，張衍編遺文成，傳子雲序之。』未言刊版與否，是爲第二本。是年九月，江西提舉袁燮，刊其文集三十二卷於倉司，稱爲持之所裒益，是爲第三本。紹定辛卯，燮之子甫又重刊之，是爲第四本。《文獻通考》作《象山集》二十八卷，外集四卷，與三十二卷數合，併載燮序於後。《宋史‧藝文志》亦同。」（卷一百七十四）其卷數之可知者，多則三十六卷，少則三十二卷，皆較六卷者遠爲完足，則傳序所謂「得全集而刻之金陵，集中不敢刊削一字」者，皆爲誕妄虛說，其本自不足信。

二、其書來歷疑出偽託

其書或書中篇章出處如有依託，其述來歷必現罅隙而不能自圓其說，則其言難信。

其中有述其作者事蹟誕妄，其書出世奇突者。

如黃希旦《支離子集》一卷，爲淳祐己酉（九年，1249）九龍觀道士危必升所編。希旦字姬仲，邵武軍邵武人，自號支離子。其人事蹟，據書前小傳所記，頗爲誕妄。傳中稱希旦生於仁宗景祐二年（1035），卒於神宗熙寧七年（1074），當得年四十，而傳云四十二歲，誕妄者一也。又稱其解化已七日而復生，生後又復逝而仙去，誕妄者二也。《四庫全書總目提要》引所見本書後小傳云：「希旦爲九天彌羅眞人，掌上帝章奏。」（卷一百七十四）誕妄者三也。若其書至理宗淳祐九年（1249）方出，事亦可怪。故提要論之云：「希旦沒於熙寧甲寅（七年，1074），不云有詩，越一百七十五年，是集忽出於羽流。則非惟仙去之說，事涉荒誕，并此集殆亦依託矣。」（同上）其書顯不足信。

亦有其書所稱來歷超乎常情者。

如鄭思肖《心史》七卷，據傳明崇禎十一年戊寅仲冬，蘇州承天寺狼山房浚智井而得是書。明陳宗之〈承天寺藏書井碑陰記〉述其事甚詳，云：「崇禎戊寅歲（十一年，1638），吳中久旱，城居者買水而食。……仲冬八日，承天寺狼山房濬智井，得鐵函重匵，錮以堊灰。啓之，則宋鄭所南先生所藏《心史》也。外書『大宋鐵函經』五字，內書『大宋孤臣鄭思肖百拜封』十字。自勝國辛未（1283）迄今戊寅，閱歲三百五十六載。楮墨猶新，古香觸手，似有神護。」〔註1〕事少經見，故清袁枚疑之，云：「井中《心史》，雖用鐵函，浸之水中。但歷年三百，紙墨斷無不渝之

<hr>

〔註1〕據《四庫提要辨證》卷二十四引。

理。」〔註2〕子才質諸物理，客觀而有據。《四庫提要》考書中敘事錯亂，以爲「明末好異之徒，作此以欺世，而故爲眩亂其詞」（卷一百七十四）。陳文之敘此書出處來歷亦令人有此印象。據此則此書不可輕信。

又有其書所題編者編有二書，然此書編撰體例之精嚴較另一書相去遠甚者。

如黃庭堅《精華錄》八卷，題宋任淵編，書前有任淵自序，明朱承爵題詞。此書所選庭堅詩作，自明人以下即多不滿之，《四庫提要》引諸家之說而論之云：「何景明曰：『《山谷精華錄》，任淵選者，其所採取，多不愜人意。』王士禎曰：『《精華錄》八卷，有天社任淵自序，錄中取捨，未愜人意。』張宗柟亦曰：『觀其錄取大意，祇以備體，且多闌入遊戲之作，非上選也。』宗柟所見者，稱嘉靖間摹宋槧本；士禎所見者，稱明章邱李開先家宋槧本；皆在承爵之後。何景明雖正德時人，而比承爵亦差後。蓋皆承爵此刻，託諸宋槧。」（卷一百七十四）是諸家所見皆同一本，而論其精核，較之《山谷內集》之選註，則不如遠甚。考任淵《山谷內集註》，選錄佳妙，編撰謹嚴。而此集所選，粗疏已甚。略述其失：書中選詩義例與編者自序不合，一也；序中稱選詩所據類書，並未收錄宋人之作，二也；序中所稱詩文體類，乃元代以後方有，三也；題詞所言是書來歷與內集成書時代錯亂，四也；書中篇題與篇章曾經妄改割裂，五也；書中多誤選他人之作與後世之作，六也（據同上）。粗疏如此，而稱任淵所編，事甚可疑。

復有其書中篇章原本未見，後世編本乃反有之者。

如岳飛有《岳武穆集》十卷，今存岳珂所編《金陀粹編》卷十至十九，即家集是也。集中有律詩二首：〈題翠微寺〉、〈寄浮圖慧海〉，詞一首：〈小重山〉，是也。至明徐階編《岳廟集》五卷，四庫著錄四卷於史部傳記類存目二，而抽其詩文一卷入於集部別集類十一，命篇曰「《岳武穆遺文》」。遺文較之家集，詩刪〈題翠微寺〉一首，增〈送紫巖張先生北伐〉、〈池州翠微亭〉、〈題新淦蕭寺壁〉三首，詞增〈滿江紅〉一闋。《四庫提要辨證》引岳珂編家集之自序，論珂與其父霖蒐集武穆遺文前後凡經三十一年，不當散落如此而爲徐階所摭拾。又云：「〈池州翠微亭〉一首，據黃瑜《雙槐歲鈔》卷七，蓋出於《池州府志》，未必是飛所作。惟〈題新淦蕭寺壁〉一篇，見於《賓退錄》（卷一）者爲可信。餘皆不知所出。」（卷二十三）增輯詩文而不著出處，所增者自是可疑。

三、撰者不自言有其書

撰者不自言著書，而世傳反有其書，則其書可疑。

〔註2〕見《隨園詩話》卷四。

　　如今傳世宋人所註唐杜甫詩數種，多引宋王洙之註，似其有《杜工部集註》一書，然王洙未嘗自言有註杜之事也。考陳振孫《直齋書錄解題》別集類上著錄《杜工部集》二十卷，引王洙寶元二年記（1039），云其書爲王洙原叔蒐裒定取，遂爲定本（說見卷十六）。原叔是記今尙可見，惟言編纂之事甚詳，而無一字及註。至嘉祐四年（1059），王琪覆刻是書於姑蘇，且爲後記，言覆刊之事甚詳，且云：「如原叔之能文，止作記於後。」則明言王洙未曾作註也。故吳激彥高《東山集》云：「……兩王公前後記，初無一語及註。後記又言『如原叔之能文，止作記於後。』則原叔不註杜詩，益可見矣。」〔註3〕則所謂《杜工部集註》者確不可信矣。

　　又如黃庭堅《杜詩箋》，明以前無所聞，陶宗儀始刻之《說郛》中，近時日本人近藤元粹據以收錄，刊於《螢雪軒叢書》中。然庭堅雖作詩取法老杜，亦頗論評杜詩，然並未曾自言註杜也。《詩人玉屑》引山谷自言欲箋註杜詩而未果，云：「余嘗欲隨欣然會意處，箋以數語，終以汩沒世俗，初不暇給。」（卷十四〈大雅堂〉條，文與黃集〈大雅堂記〉小異）明言有意箋杜而無暇爲之，則其未嘗作箋，亦昭昭明甚。近人程會昌曾得殿本及諸宋本郭知達《集九家註杜詩》，就中之引庭堅語者以較此箋，得所疑三事：凡此箋所徵引者，或今時諸註所無，一也；或今時諸註有其文，又屬他人之語，二也；至有今存註本明載庭堅之言，取衡此箋，亦無一相合，三也〔註4〕。蓋陶宗儀《說郛》多有從類書中鈔錄數條以合其文，其書實不免於眞僞雜揉〔註5〕；恐近藤不知此而爲《說郛》所欺耳。則此箋之所自來，并亦無據，其書自不足信矣。

　　再如《東坡詩集註》，題宋王十朋撰，前有十朋序。《四庫全書總目提要》以十朋集中無此序，又不曾自言爲蘇詩作註而疑之，云：「考十朋《梅溪前集》載序八篇，《後集》載序三篇，獨無此序。又有〈讀蘇文〉三則，亦無一字及蘇詩。《梅溪集》爲其子聞詩聞禮所編，十朋著述搜輯無遺，不應獨漏此序。」（卷一百五十四）提要所言足據，則此註確爲可疑。

第二節　其書體製齟齬

　　宋集中若有其書體製齟齬之現象，則或全書不類出於所題撰者之手，或書中體製與所題撰者時代不合，或書中篇章所述顯有矛盾，其書自屬可疑。本節所謂體製

〔註3〕說見程會昌《目錄學叢考》〈杜詩僞書考〉。
〔註4〕同上註。
〔註5〕說見《四庫提要》卷一百二十三《說郛》提要。

齟齬，又分二項述之：一、編撰之體例拘陋，二、撰著之體製錯亂。

一、編撰之體例拘陋

其書編撰體例拘陋而可言者，有二本篇目互異、體類不符、入類顛舛、韻部不合、註文疏漏等事。

其中有一書所傳來源本只一種，而竟有二本篇目互異者。

如《心史》一書，題鄭思肖撰，據傳明末出自蘇州承天寺井中。其書內容含《咸淳集》、《大義集》、《中興集》、《久久書》、《雜文》、《大義略敍》六種，各家所傳皆同。然清吳翌《遜志堂雜鈔》丁集記所見本《心史》，並無《久久書》，而多《釋氏施食心法》一種，似所見另有別本者，與明末以來所傳大相違異，事甚可疑。此可為其書出於依託之事實添一佐證。

亦有其書體例與序文所言不合，而又有入類顛舛，註文疏漏之病者。

如《東坡詩集註》，題王十朋撰，編撰疏失已甚，昔人多有論之者。《四庫全書總目提要》論其編例與序言不合云：「是集前有趙夔序，稱分五十類，此本實止二十九類，蓋有所合併。十朋序題百家註，此本所引，數亦不足；則猶杜詩稱千家註，韓柳文稱五百家註也。」（卷一百七十四）又論其入類顛舛云：「如〈芙蓉詩〉入『古蹟』，〈虎兒詩〉入『詠史』之類，不可殫數。……以〈畫魚歌〉入『書畫』，（亦）為查慎行東坡詩補註所譏。」（同上）至其書中註文顯然疏漏者，清邵長蘅嘗著《王註正譌》一卷附補註前，所掊擊者凡三十八條。《皕宋樓藏書志》有是書宋刊本，載清吳騫手跋三則，其三亦舉是註之失云：「鮑君（以文）謂忠簡（科按：胡銓諡號）廬陵人，不應冠以苕溪。予案書中只以苕溪冠胡仔姓氏上，而胡銓上偶失著廬陵耳。如潘大臨、大觀皆黃崗人，而列豫章後；徐俯臨川人，而列臨安後；此並註家之鹵莽耳。」（卷七十六引）舉一例可概其疏漏之狀。綜上三失，則此書是否即十朋所撰，殊在影響之間矣。故《四庫全書總目提要》云：「該書中體例，與《杜詩千家註》同，殆必一時書肆所為，借十朋之名以行耳。」（卷一百五十四）蓋亦以此也。

又有其書中詩文體類與所題編者時代不符者。

如黃庭堅《精華錄》，題任淵選，有淵序、明朱承爵題詞。是書編撰體例拘陋，與淵編註之《山谷內集》相去甚遠，第一節已略論之。若論其中詩文體類與所題編者時代不合者，則有二事。承爵題詞稱是編所選詩，有取自《文苑英華》者，然《英華》一書乃宋太宗時宋白等奉敕編撰，所錄詩文，止於唐代，何以有庭堅之作？此其一也。又集中有「五言排律」一名，亦非任淵生身時代所宜有，《四庫全書總目提要》考之云：「『排律』之名，唐宋元人皆無之，舊集共存，可以覆案。至元末楊士

宏所選《唐音》，始以『排律』標目。明高棅選《唐詩品彙》，仍之不改，乃沿用至今。何以此本刊於宋時，已有『五言排律』？」（卷一百七十四）題宋人所編，而有元明以後文體之名，此又其一也。有上述不合，則其非任淵所編顯然，故提要斷爲朱承爵偽託。

又如《藥閣集》，題辛棄疾撰，有棄疾自序。其書乃編集六朝及唐人詩句，爲五七言近體，平聲上下三十韻，韻爲一首。按：是書所用韻部與棄疾時代不合，論「集句」體之起源亦差謬，當屬偽託。《四庫全書總目提要》論之云：「今案唐韻及宋禮部韻，皆上平二十八部，下平二十九部。至理宗末平水劉淵，始併上下平各十五部。棄疾當高孝光寧之朝，平水韻未出，安得而用其部分？且平韻分上下，自唐韻已然，集中顧以一先爲十六先，至咸韻爲三十，此向來韻書所無。又據魏了翁之說，《廣韻》下平作二十九先，而小變之者也。至集句始於晉傅咸，宋王安石、孔武仲，皆有其體；今序即云『集韻非古』，又舍王孔而獨舉陳后山、林莆田，尤極疏舛。」（卷一百七十四）今考平水韻雖非創自劉淵，然合《廣韻》二百六韻爲一百七韻者，實始自劉淵《壬子新刊禮部韻略》〔註6〕。劉淵平水人，《提要》所云「平水韻」即淵書之別稱。劉淵書成於宋淳祐十三年（1252），辛棄疾卒於開禧三年（1207），其卒下距平水韻之出尚早四十五年，何得以平水韻之分部編次其書？即此已足證其書之爲偽編矣。

另有其書編撰之態度輕忽，致使其書體例不謹，而間雜偽篇者，其例甚多，其目俱詳本文第二章第三節第二、三、四段中。茲再舉其中之甚者而略論之。

其在總集而甚關各家詩文者，如呂祖謙所編《皇宋文鑑》，其中所錄詩文，其作者與他書所題不同者，多不足信，蓋其編撰選錄不甚當故也。《皕宋樓藏書志》有崔敦詩《玉堂類槀》，附論祖謙之編書云：「李心傳《朝野雜記》謂：『呂祖謙《文鑑》既成，近臣密啓其失，因命崔大雅更定，增損去留凡數十篇。』《朱子語類》亦云：『祖謙編錄《文鑑》，有敦詩刪定之語。』……是編所載宋孝宗時制誥口宣批答青詞甚詳。」（卷八十三）是宋人已知祖謙編書之疏失矣，而猶不能盡爲改正。

其在別集者，如《臨川集》中篇章多有誤入，夷考其故，亦由編撰者之疏忽所致。清錢大昕引陳少章〈書臨川集後〉，舉宋薛肇明所編、詹大和所刊《臨川集》誤入篇章甚多，並論之云：「大昕案：少章所舉詹本之失，信矣。薛肇明即薛昂，徽宗時以迎合蔡京執政。此小人而無學者，雖出入介甫門下，其編次庸有當乎？」〔註7〕則其書之收偽作固由於編者之無學也。

〔註6〕說詳張世祿《中國音韻學史》第七章。
〔註7〕見《十駕齋養新錄》卷十四。

又如蘇軾《東坡集》，自宋時即編本甚多，其中有編撰甚善者，而粗劣者亦眾，故自宋時傳本常見雜有僞作者，至後世傳本，集中僞入者竟達數十篇，此又因編撰之疏漏而誤收僞作最甚之例也。

二、撰著之體製錯亂

其書有著述非體、篇意不合、錯用典故者，謂之體製錯亂。

舉例言之，有其書撰著體製淺陋，不類出於所題撰者之手者。

如《錦繡論》一書，題楊萬里撰，考其內容，乃宋時貢舉之應試程式。其書體製粗陋，專為應試而作，當非萬里所宜為。《四庫全書總目提要》疑為坊賈託名（說見卷一百七十四），其說自是可信。

亦有其書編撰體例與撰著體製俱不倫者。

如《陳文恭公集》，題陳康伯撰。其書十三卷，遺文僅二卷，附錄乃十一卷，末大於本，編撰之體例已非。又遺文中篇章之體製多有不合宋人著述之例者，《四庫全書總目提要》舉例論之云：「如所載〈謝敕命修家譜表〉稱：『昨進家譜，敕令史院編修填諱』，自古以來，無是事理。其謝語稱『伏惟聖躬保重，聖壽隆長』；而首稱『臣康伯叩頭拜謝曰』，末稱『臣等不勝欣躍，無任感戴叩謝之至』；尤不曉宋人章表體例。」（卷一百七十四）提要謂其「無往而不僞」，蓋有由矣。

又如《松垣集》，題幸元龍撰。書中部份篇章所述，甚昧於君臣體節，提要舉例云：「首篇〈論國是疏〉內，自引所作與陳眩、劉之傑二律，而終之曰：『二詩之意切矣』，殊非臣子對君之體。」（同上）故斷其出自依託。

又有書中篇序、詩意之表現互有不合或重複者。

其書中篇序之意顯然不合者，如蘇軾《東坡後集》卷五有〈次韻子瞻兄月中梳頭〉一首，有序云：「轍有白髮近二十年矣。……子瞻兄示我『月中梳頭詩』，戲次來韻，言拔白之驗。」則此篇明蘇轍之作而誤入。又《東坡續集》卷三有〈思子臺賦〉一首，有序云：「予先君宮師之友史君，諱經臣，字彥輔，眉山人，與其弟沆、子凝皆奇士。……予少時常見彥輔所作〈思子臺賦〉，上援秦皇，下逮晉惠；反復哀切，有補於世。蓋記其意，而亡其辭，乃命過作補亡之篇，庶幾君子，猶得見斯人胸懷髣髴也。」則是篇乃蘇過據史經臣舊作之遺意而補作之，而誤入《東坡集》中也。

其書中二詩篇序表現不合者，如王銍《雪溪集》卷一有〈國香詩〉三首，一為原唱，一為次韻；據篇序所言，第二首次韻為銍作，第一首原唱當為他人之作誤入。第二首序云：「表兄高子勉，南平武信王孫。……當政和癸巳（三年，1113）歲，與僕會都城，假日話國香事甚長，又賦長句相示，因次其韻。凡子勉詩中不言者，僕

得以言之矣。」則銍詩明爲次韻表兄高子勉詩所作矣。而第一首亦有序，序中述「國香」本荊浩田氏侍兒，黃庭堅太史嘗見之，閔其所嫁非人，因賦〈水仙花〉以寓意，并令作者和之。太史卒後，作者又見其人，因爲名之曰〈國香〉，以成太史之志。又云：「政和三年春，客京師，會表弟汝陰王性之，問太史詩中本意，因道其詳。性之文詞俊敏，好奇博雅，聞之，拊髀歎息曰：『可留之篇詠，爲一段奇事。』因爲賦之。」以二序較之，明爲二人之言，然人名稱呼時地與所敘事則皆相呼應，則此詩原唱爲高子勉無疑，而誤入王銍集中也。

又如秦觀《淮海集》卷四有〈懷李公擇學士〉七律三首，第一首題篇名，第二首第三首則題「次韻」。按：宋人作詩，若自次其韻，則必於題上著之，此三首不然，故可疑。且此中第三首「畫船京口見停橈」云云又見載《參寥子集》，題作〈次韻少游寄李齊州〉，益可證其非少游之作。清王敬之疑後二首皆他人次韻作〔註8〕，所說是也。

其書中二篇詩意重複者，如《淮海集》卷四有〈題閣求仁虛樂亭〉七律三首，第二首有聯云：「長官平昔嗜林丘，僧與開亭待勝遊。」而第三首則有聯云：「誰構新亭近翠微，似教陶令狎天機。」考其語意，已云「僧與開亭」，又云「誰構新亭」，語意複重，非出一人之口，必有一首爲僞；又考〈誰構新亭〉一首亦載《參寥子集》，則一此首非少游之作矣。又同卷有〈流觴亭并次韻〉七律二首，原唱尾聯云：「更憐白足如霜句，可羨溪邊六逸遊。」次韻尾聯云：「待喚畫師來貌取，圖成便是竹溪遊。」題下王敬之按云：「二詩兩用竹谿六逸事，似非一手作。」則其中至少一首爲僞入矣。

第三節　集中記事與所題撰者生平不符

宋集中若有其篇章自記身世、仕履、行事、立身等，與所題者不符者，則所記之事，非撰者所爲，其篇章自亦僞作。本節據此分身世不符、事蹟不符、立身不類三項論之。

一、身世不符

其篇章所記，與撰者身世不符，則當屬僞作，或他人之作誤入。

其中有自記家世、里籍、兄弟皆不符者。

如《青山續集》七卷，舊題郭祥正撰。祥正字功父，太平州當塗人，熙寧中舉

〔註8〕說見《淮海集》考證。

進士，官至汀州通判，攝守漳州三年，歸居當塗之青山以卒〔註9〕。此書來歷可疑，本章第一節已辨之。今考其集，卷三〈止謁宣聖廟者〉古詩一首，詩中首稱高密人之謁宣聖廟者焚香爇紙，祈求福祥，實鄙俚之至，故戒閣人以止之；又云：「朝庭謹庠序，五路茲焉始；建官以主之，不肖實當此。」又云：「悅之以其道，吾祖當亦喜。」似祥正既爲孔廟主祀之官，又爲宣聖後人，豈不可疑？此自記家世不符也。

又卷三〈收家書〉云：「早承會稽信，晚接清江使。兩地千里餘，尺書同日至。既知骨肉安，復得鄰里事。丁寧問兒女，委瑣及奴牌。開包視封題，親故各有寄。」卷四亦有〈兄長舟次會稽，以十月九日發書，清江親故以此日遣使，仍以十一月十二日同到，去歲會稽書、清江人亦同日到，嘗有詩記其事〉一首，二詩自記，皆言其有兄長在會稽，其鄉里則在清江，此與祥正籍屬當塗不符。此自記里籍不符也。

又卷三〈常父寄半夏〉稱：「老兄好半夏，似此亦可防。」卷七〈寄常父〉云：「北渚環坡皆好景，爲兄詩筆長精神。」卷六亦有詩一首，題作〈游江寧天慶觀久視軒見梅已落有寄常父兄〉；是以常父爲兄也。又卷六〈喜經父閣試第一〉云：「應嫌有弟眞癡絕，抱甕區區眞苦辛。」同卷〈喜經父制策第一〉云：「大科江左未嘗有，此事吾家眞最榮。」〈寄經父〉云：「此中望斷相思眼，家在蓬萊更倚樓。」是又以經父爲兄也。然郭祥正不聞有兄弟，《青山正集》中亦不見有與兄弟唱和之什，何來閣試、制策皆取第一之兄〔註10〕？此自記兄弟不符也。

按：《青山續集》七卷，最先著錄者爲《四庫全書總目》，提要據集中詩格、卷二〈浪士歌〉自序，及卷一、卷二中〈留漳南〉詩作，所記皆與本集相合，證此集確出祥正，非後人所能依託〔註11〕。詳考此集卷一、卷二，除提要所舉證者外，其詩所唱和贈送者亦與本集相合，如蔣穎叔、許棲默、劉繼鄴、梅謙叔、耿天隲、李公擇、陳公彥、樊希韓、韓求仁、楊潛古、徐子美、陳安止、留君儀、孫知損、張公素、陳師道、劉暐光、胡與幾、馬東玉、胡子企、姜伯輝、唐植夫，及僧流法宗、明惠、自周、蓋普、辨才、法眞等數十人之名，亦多見於本集各詩，則此二卷確爲祥正所作無疑。然卷三至卷七，所記家世里籍兄弟皆無一與祥正相合（詳前），其所與唱和之人亦無一見於《青山》本集，則此五卷必非祥正之作。今考此集後五卷所記身世、兄弟、里籍、事蹟，反與孔平仲相合：如平仲本爲宣聖後人，故卷三〈止謁宣聖廟者〉稱孔聖爲「吾祖」；又如平仲有大兄文仲字經父，有次兄武仲字常父，故卷中與經父常父唱和最多，兄弟之稱呼亦一再現於詩中（詳

〔註9〕參見《宋史》卷四百四十四，《四庫提要》卷一百五十四《青山集》提要。

〔註10〕同上註。

〔註11〕說見卷一百五十四《青山集》提要。

前）；再如三孔籍屬清江，故卷中懷詠清江風物之什亦多；此皆其例。又考此五卷中詩絕多互見於《清江三孔集》中之《平仲集》：卷三古詩即《平仲集》卷二者（《三孔集》卷二十一），卷四古詩即《平仲集》卷三者（科按：此卷只抄六十一首，約爲《三孔集》卷二十二半數），卷五律詩即《平仲集》卷六者（《三孔集》卷二十五），卷六律詩即《平仲集》卷四者（《三孔集》卷二十三），卷七律詩即《平仲集》卷五者（《三孔集》卷二十四）。其中惟卷四第一首〈陶然軒呈孔掾〉，末首〈宿鍾山贈泉禪師〉爲卷二之重出，乃祥正詩之偶訛入者。

由上述可知，《青山續集》卷一卷二爲郭祥正之作，卷三至卷七則孔平仲之作，其書恐好事者抄合之，而題祥正之名，故成偽作也。

亦有自記里籍、兄弟、年歲皆不合者。

如《野處類槀》二卷，舊題洪邁撰。邁字景盧，鄱陽人，紹興十五年（1145）中博學鴻詞科，官至端明殿學士，諡文敏；有兄适字景伯、遵字景嚴，弟景斐、景何〔註12〕。此書來歷可疑，本章第一節已論之。今考是書卷下有〈書事呈元聲如愚起莘三兄〉一首、〈有懷舍弟逢年時歸婺源以詩督之〉一首，其自道兄弟之名無一與邁相符，自記里籍亦與邁相異。此自記里籍、兄弟不符也。

又類槀自序稱「甲戌之春，家居臥病」，核之集中詩，年歲不能相符。清錢大昕《十駕齋養新錄》考之云：「甲戌者，紹興二十四年（1154）也，然……如〈庚戌正月謁普照塔〉云：『重來得寓目，歸枕尾殘汴。』當謂泗州大聖塔也。公生于宣和癸卯（1223），至庚戌（1130）僅八歲，即早慧能詩，不應有『重來寓目』之句。」（卷十四）此自記年歲不符也。

按：此集所載上述諸事與洪邁不符，反與朱松相合。松籍屬婺源，有弟楫，字逢年，與上述舉證之詩全合。又考此集各詩皆與朱松《韋齋集》卷一卷二詩全同，卷上各詩即《韋齋集》卷一者，卷下各詩即《韋齋集》卷二者；惟卷上〈秋日漫興〉二首及集外詩爲邁之眞作，然此數首眞作亦襲取《宋詩紀事》，不能別有增益。以此觀之，此集乃好事抄撮朱松詩，合以邁詩數首而偽作者，清陸心源《儀顧堂集》（卷十八）考其作偽之時云：「當是乾隆中葉書估所作偽，故轉以《宋詩紀事》所錄爲集外詩。」（《野處類槀》書後）其說甚是。

又有自記年歲不符者。

如陳杰《自堂存槀》，集中自註與杰之生身年歲似不相符。《四庫全書總目提要》論之云：「……四言古詩〈春日江永〉諸篇，自註曰：『端平以來』，是當理宗之初

（1234），已能吟咏，其年當在二十左右；下距帝㬎德祐乙亥（元年，1275），凡四十二年；則宋亡時已近六旬。〈聞纖記〉之末，署延祐二年（1315）七月，是歲乙卯，上距宋亡又四十年，則杰年已在百歲外，不應如是之壽考，時代似不相及。」（卷一百六十五）則其書或有偽入，或其註非出己手，二者當居其一也。

又如舊題鄭思肖《心史》，其自記生年有書中自相矛盾者，亦有與本集《所南文集》不符者。《心史》卷下雜文〈先君菊山翁家傳〉云：「先君字叔起，號菊山，名與字之下字同，早年嘗名正東方之卦。生於慶初（元）己未（1199），終於景定壬戌（1262），壽六十四歲。先君四十歲始生思肖。……」據此則思肖生於理宗嘉熙二年（1238），菊山卒時，思肖二十五歲。而《心史》卷上之久久書〈後臣子盟檄〉云：「吾二十二歲無父，三十五歲無君，三十六歲無母，又三十八歲無子。……」據此則思肖又當生於理宗淳祐元年（1241），菊山卒時，思肖二十二歲，一書二篇自記生年，相差三歲，不知何說為可信。此其自相矛盾者也。又考思肖本集《所南先生文集》中亦曾自記生平，〈答吳山人問遠遊觀地理書〉云：「今吾六十四歲。二十二歲壬戌二月，我父菊山先生卒於吳中；十一月，葬於長洲縣甑山之原，天幸保全四十三年，略無他說。……」據此則思肖生於理宗淳祐元年，菊山卒時，思肖年二十二。以《心史》所記校之，〈後臣子盟檄〉與本集相合，〈菊山翁家傳〉與本集反不合。此與本集不符者也。二書三記生年，竟錯亂至此！或者以《心史》中有為思肖自作者，有非思肖自作者，近人姚從吾先生即主是說；且謂〈先君菊山翁家傳〉敘鄭家事明白，必屬思肖，云：「從〈菊山翁家傳〉中，我們可以明確的知道鄭思肖的生年和卒年。」〔註13〕若如此說，則《所南文集》所記者反不足信，天下必無是理。綜上所述，《心史》一書至不足信矣。

二、事蹟不符

書中篇章所記事蹟，與撰者不符，必屬偽作。

其中有所記與作者行實不符者。

如蘇軾《東坡續集》卷一有〈雷州〉八首，所記海康風物甚詳，作詩歷時則自夏至冬，然東坡一生未嘗任官雷州也。考東坡行實，自熙寧四年（1071）通判杭州後，所歷外任之地甚多，據其時間先後簡述之，為杭州、密州、徐州、湖州、黃州、汝州、常州、登州、杭州、潁州、揚州、定州、英州、惠州、瓊州、儋州、廉州、永州、虔州〔註14〕，皆未嘗有雷州任；其嘗至雷州者乃為路過，和陶詩〈和止酒〉

〔註13〕見《慶祝蔣慰堂先生七十榮慶論文集》：〈鄭思肖與《鐵函心史》關係的推測〉。
〔註14〕參見宋蘇轍《東坡墓誌銘》，宋王宗稷《東坡先生年譜》。

序云：「丁丑歲（1097），余謫海南，子由亦貶雷州；五月十一日，相遇於藤，同行至雷；六月十一日，相別渡海。」則在雷不過一月，亦未嘗居近一年之久也。則此八首非東坡作。又《東坡續集》卷二有〈僕年三十九在潤州道上過除夜作此詩又二十年在惠州錄之以付過〉二首，第一首云：「寺官官小未朝參，紅日半囪春睡酣。爲報鄰雞莫驚覺，更容殘夢到江南。」第二首云：「釣艇歸時菖葉雨，繰車鳴處棟花風。長江昔日經遊地，盡在如今夢寐中。」《東坡先生年譜》三十九歲條下，記東坡是年由通判杭州移知密州，則潤州確爲必經；然年譜據公〈辛未別天竺觀音詩〉序，公以九月二十日別南北市舊友，隨即離杭，何以經二月餘方至潤州過除夜？此其行實可疑者一。又潤州在北宋屬淮南東路，地近今之鎮江，猶在長江之南，而詩云「更容殘夢到江南」，又云「長江昔日經遊地，盡在如今夢寐中」，似已渡江而將遠去者，此其行實可疑者二。即據其詩意，亦與詩題時令不合，第二首〈繰車鳴處棟花風〉之句，與年景不合；考《爾雅翼》釋棟云：「木高丈餘，葉密如槐而尖，三四月開花，紅紫色。」《東皋雜錄》云：「花信風，梅花風最先，棟花風最後，凡二十四番，以爲寒絕。」《荊楚歲時記》云：「蛟龍畏棟，故端午以棟葉包糉，投江中祭屈原。」〔註15〕則棟之有花，最早不過三月，最遲不至五月，除夜何得棟花風？此其一也。又詩題中明有「過除夜作此詩」之語，而詩第一首則云官小毋須朝參，故酣睡至紅日半囪始起；第二首則述艇釣歸來時所見所感，一切概與除夜無涉，此其二也。綜上所考，此二首必非東坡作。

　　又如羅公升《羅滄洲集》卷一有〈得家問〉二首，其第一首所記與公升行實不符，《四庫全書總目提要》以爲僞作，云：「第一卷末有〈得家問〉二首，一曰：『乍喜平安報，俄增放逐愁。』又曰：『東風嚴瀨水，不是冷扁舟。』公升未放逐嚴州也。」（卷一百七十四）考《宋詩紀事》卷七十九曾載公升生平，然事蹟頗略；《宋詩紀事補遺》卷七十八據《江西詩徵》錄公升詩四十首，多感懷亂離之作，而不記其生平；《皕宋樓藏書志》有《滄洲集》舊抄本，前載顧嗣立手跋，記公升事蹟頗詳，而論其行實，惟云「北遊燕趙，與宋宗室趙孟滎諸公圖復宋祚，知勢不可爲。回經錢塘江，作弔胥濤以自寓，今載集中，餘亦多感憤語。」（卷九十二引）錢塘雖與嚴州地近，然其至錢塘，亦非「放逐」而至。則此詩所述，確與公升行實不符，當屬僞託。

　　又有所記爲另一人之事，而誤當爲此作者者。

　　如崔敦禮《宮教集》卷五有〈進重刪定呂祖謙所編文鑑箚子〉一首，文中有「臣昨蒙宣引奏事，令臣刪定呂祖謙所編文鑑奏疏八冊」之語，後述刪定之所據。然宋

〔註15〕三條俱見《康熙字典》木部棟字引

人多言刪定文鑑者實敦禮之弟敦詩，以其行實論，作此篇者當爲敦詩，而非敦禮（參見第二節）。《四庫全書總目提要》論此箚之屬敦禮云：「似乎《永樂大典》誤題。然或敦詩刊定進呈，敦禮代爲草奏，亦未可定。」（卷一百五十九）此當以前說爲是，蓋刪定《文鑑》既爲敦詩職責所在，自當自奏；且箚中既述刪定之準據甚詳，乃深知其事者方能爲之，敦禮何能代草？則此篇之誤入甚明。

又如林景熙《林霽山集》有〈夢中作〉四首，《四庫全書總目提要》以第三首中有「雙匣親傳竺國經」句，與景熙行實合，斷爲景熙之作（說見卷一百六十五）。今考元江南總攝楊璉眞伽發宋六陵事，當在元世祖至元乙酉（二十二年，1285）；其時唐玉潛、林景熙等人以智計奪取眞骨而葬之，其所葬之地，《輟耕錄》引羅雲溪《唐義士傳》，云玉潛攜而葬之會稽蘭亭；又引鄭元祐《林義士傳》，云景熙攜而葬之東嘉；《輟耕錄》判之云：「吾意會稽去杭正隔一水，或者可以致之。若夫東嘉，相望千餘里，豈能容易持去？」以爲其事當玉潛所爲，四詩亦當玉潛所作〔註16〕。《宋詩紀事》亦引鄭元祐之說而駁之，云：「六陵遺骨，《癸辛雜識》、《輟耕錄》俱云『葬之蘭亭』，若云高孝兩陵，林攜葬之東嘉，則詩中所云『水到蘭亭轉嗚咽，不知眞帖落誰家』（第三首），又何謂耶？當以周草窗、陶南村所紀爲是，而景熙則共事之人也。夢中詩係唐玉潛作，云景熙作者非。」（卷七十五）按：詳考諸書，易宋陵眞骨事非易，又六陵合取之，當無另攜兩陵骨遠葬千餘里外之理，《林義士傳》當有誤記；提要全採鄭元祐之說，故以四詩爲景熙作；以諸書所記二人行實考之，此四詩當爲唐玉潛作，而誤入景熙集中也。

三、立身不類

書中篇章所記，與撰者立身不類，則亦當屬僞作。

其中有所述與作者身份不符者。

如《二家宮詞》《楊皇后宮詞》中有「阿姊攜儂近紫薇，薤官承寵鬪芳菲。繡幃獨自裁新錦，怕看花開雙蝶飛。」一首，考首句自道語氣，非皇后口吻，與寧宗楊皇后之身份不符，故《四庫全書總目提要》云：「（此首）似楊妹子作，故有首句。《書史會要》稱楊妹子詩，語關情思，人或譏之，蓋即此類，不應出楊后之筆。」（卷一百八十九）所說當是。

又如《羅滄洲集》內數篇所述，皆與公升之身份不合，當非公升所作。《四庫全書總目提要》論此數篇云：「第二卷之首，有〈皇帝閣春帖子〉二首、〈端午帖子〉一首、〈皇后閣春帖子〉一首、〈夫人閣春帖子〉一首、〈夫人閣端午帖子〉一

〔註16〕俱參見卷四「發宋陵寢」條。

首；考〈帖子詞〉爲翰林學士之職，公升一縣尉，何由得有此作？……又第一卷末，有〈得家問〉二首，……其一曰：『萬里平泉夢，惟憐創業難。』又曰：『長平門下客，知復幾任安？』公升亦非故將相也，又皆與其平生不合。……殆其子孫所爲，以裝點其忠義者。蓋（全書）竄亂失眞，其爲果出公升與否，殊在影響之間矣。」（卷一百七十四）提要蓋以其全書皆出偽託，然公升之書實大體不偽，惟不免於竄入，元劉辰翁〈滄洲集序〉、顧嗣立〈滄洲集跋〉、《宋詩紀事》、《䜌宋樓藏書志》、《善本書室藏書志》、《四庫全書總目提要補正》皆持此見，《善本書室藏書志》甚至以集中有帖子詞，疑其「似非終於縣尉」（卷三十二）；今考諸書所記公升仕履，以顧氏手跋爲最詳（參見本節二），顧氏既云其終於縣尉，當無可疑。則上述諸篇所說，與公升身份不合，當屬其子孫竄入。

又有所述與作者立身相異者。

如鄭剛中《北山集》卷一有〈諫議和奏疏〉、〈再諫議和疏〉、〈三諫和議疏〉、〈四諫議和疏〉、〈議和不屈疏〉、及缺題一篇等奏疏六篇，與剛中立身不類，《四庫全書總目提要》疑爲剛中子良嗣所偽撰，並考之云：「史稱剛中由秦檜以進，故於和議不敢有違，及充陝西分畫地界使，又棄和尚原與金，後爲宣撫使時，始以專擅忤秦檜意，至竄謫以死。今集中所載諫和議四疏，及議和不屈一疏，大旨雖不以議和爲非，而深以屈節求和爲不可；又有救曾開一疏，救胡銓一疏，與史皆不合。徐夢莘《三朝北盟會編》，於當時章奏事蹟，蒐括無遺，獨不及此七疏；曾敏行《獨醒雜志》，雖記剛中與李誼等六人共救胡銓事，然但云『入對便坐』，亦不云有疏。或者良嗣恥其父依附秦檜，偽撰以欺世歟？諸疏之後，多良嗣附記之語，若斤斤辨白心迹者。是必於公議有歉，故多方回護，如恐不及；李綱胡銓諸集，亦何待如是曉曉哉？剛中〈封州自序詩〉有曰：「我昔貧時多少袴，四壁亦無惟有柱。自從腳踏官職場，線引鍼入敢忘鍼？入室古云曾見妒。』是始終不忘秦檜，剛中且自道之矣，亦烏可掩也？」（卷一百五十八）今考《宋史》云：「剛中由秦檜薦於朝，檜主和議，剛中不敢言。」其後亦不敢違之〔註17〕，而〈諫議和奏疏〉中論不可舉國屈己以臣下之禮事金，云：.「屈己至矣，不知此外又將如何其屈也。」〈再諫議和疏〉中獻言朝廷於議和須「審處適中」，否則將內外皆敗。〈三諫和議疏〉則建言朝廷宜宣撫在外將領：「事成則與汝等強兵積粟，漸爲進守之計；不成則與汝等鞠旅陳師，圖爲後日之舉。」〈四諫議和疏〉舉戰國時張儀爲秦詒楚與齊絕交，而不割地與楚事，明金人必不守約言而還宋故地，云：「道理分明如此，

〔註17〕事詳卷三百七十本傳。

則講和之事，自當絕之。」〈議和不屈疏〉獻既謂「兩全之計」。缺題一疏則總論以前各疏，而結之云，即令金人守約還地，必皆無用之土，如不守約，則亡國在即，故當預爲之計。綜合各疏所言，尙不止於如提要所謂「深以屈節求和爲不可」者。又首疏首曰：「時朝廷與虜議和，先君奏曰」，其下各疏則接云「又奏曰」，合以各篇後良嗣附語觀之，諸疏確經良嗣董理者，提要之疑其僞撰也宜然。若救胡銓事，銓有〈題跋忠愍公送壻邢得昭歸娶女詩後〉云：「（銓與公）同考校省闈給事，欲屈無提之輿下拜，公與銓力爭不可，言頗訐，上大震怒，禍將不測。公與諫議大夫李誼等夜半引救，上賜可，銓得釋。」（《北山集》卷末引）夜半奏事，自不須奏疏，其事與《獨醒雜志》所記亦合。則此篇當亦良制所僞爲之矣。

　　亦有其書序文紀略雖非出於作者之手，而述作者立身絕不相類者，亦附述之，以還其眞。

　　如朱淑眞《斷腸集》二卷本前有宋魏端禮〈序〉一篇，明田藝蘅〈紀略〉一篇。田氏〈紀略〉，諸書多疑其依託，《四庫全書總目提要》謂其「詞頗鄙俚，似出依託。至謂淑眞寄居尼庵，日勤再生之請，時亦牽情於才子。尤爲誕語。」（卷一百七十四）《四庫全書總目提要補正》引清吳焯《南宋雜事詩》自註、丁國鈞《荷香館瑣言》，亦皆言其僞作（說詳補正卷五十五）。至於魏序，丁氏亦疑其依託，並考之云：「《斷腸集》，前有魏仲恭序，言『淑眞父母失審，不勝擇优儷，嫁爲市井民家妻。一生抑鬱，故詩多憂愁怨恨之語』云云。余讀其詩，雖時涉哀怨，然詞意絕不類小家村婦。且其〈春日書懷〉云：『從宦他鄉不自由，親闈千里淚長流。』又有〈寄大人二律〉，首云：「去家千里外，飄泊若爲心。詩誦南陔句，琴歌陟岵音。承顏故國遠，舉目白雲深。欲識歸寧意，三年數歲陰。』味詩意，淑眞嫁後，隨夫遠宦甚明。安得如序言父母失審嫁爲民妻乎？」〔註18〕故補正斷其爲朱文公姪女，本徽人，後隨夫或父官浙，遂家浙中（說見卷五十五）。考諸書所記，淑眞當不至如魏序田紀之所言，則此二篇當屬僞託矣。

　　又有其書註語記另一人之事，而與其人立身不類者，則其篇章亦顯然可疑。

　　如汪夢斗《北遊集》卷上有〈上故相留公〉二首，詩末註云：「公入朝不屈，止稱前正奉大夫。」《四庫全書總目提要》疑其所記與留立身不類，云：「考夢炎以德祐二年（1276）降元，特爲世祖所鄙；又曾勸殺文天祥，安得有入朝不屈之事？」故以爲「或其後人掇拾遺槀，不免以贗本竄入。」（卷一百六十五）所說是矣。

〔註18〕補正卷五十五引《荷香館瑣言》卷下。

第四節　集中敘事與所題撰者時代不合

宋集中若有其篇章所敘史事、疆域、制度等，與所題撰者時代不合者，其所談史實，非所題撰者所及見，則其篇章當屬偽作。本節據此分時代不合、史實不合二項述之。

一、時代不合

其篇章所敘，與所題撰者時代不相及，其事非撰者所及見，則其篇章當出他人之手。

其中有所敘之人在所題撰者之前而為其未能見者。

如宋世《東坡詩集》有趙夔註，《庚溪詩話》曾言之（說詳本文第二章第二節），而今本《東坡詩集註》前有趙夔序，序中稱：「崇寧年間，僕年志於學。逮今三十年，一句一字，推究來歷，必欲見其用事之處。……頃者赴調京師，繼復守官，累與小坡叔黨遊從至熟，叩其所未知者，叔黨亦能為僕言之。」然據其年代計之，叔黨似非夔所及見，《四庫全書總目提要》考之云：「考《宋史》載軾知杭州，蘇過年十九，其時在元祐五六年間（1090～1091）；又稱過沒時年五十二，則當在宣和五六年間（1123～1124）。若從崇寧元年（1012）下推，三十年已為紹興元年（1131），過之沒已七八年矣，夔安能過而問之？則并夔序亦出依託。」（卷一百五十四）或疑趙序中三十乃二十之誤，則夔及見叔黨矣；然序中又有「三十年中，殫精竭慮」之語，不應兩處三十字皆二十之誤，則其文原作三十也甚明，提要所說是矣。

又如孫應時《燭湖集》卷一有〈太守入境與文太師先狀〉一篇，狀中有「崎嶇初出於關中，繾綣已懷於洛土」之句，其人其地皆與題時之時代不合。題中文太師其人已是可疑，《四庫全書考證》云：「案《宋史》〈宰輔表〉：淳熙以後，慶元以前，無文姓居宰執。官太師者，惟彥博官太師。」（卷八十三）則文太師為北宋文彥博，而狀中關中、洛土等地亦是北宋疆域方有；應時登孝宗淳熙己未進士，為南宋人，豈及親身見北宋之人物方域？故考證云：「（此篇）疑為北宋人文字，《永樂大典》誤編入此。」所說當是。

再如吳潛《履齋遺稿》卷二有〈和呂居仁侍郎東萊先生韻〉一首，然潛與呂居仁時代不相及，應不及見。《四庫全書總目提要》考之云：「居仁即呂本中字，呂好問之子也。為江西派中舊人，在南北宋之間。寶祐四年（1256），潛論鄂渚被兵事，稱年將七十，則其生當在孝宗之末，何由見本中而和之？」（卷一百六十三）

考本中卒於高宗紹興八年（1138）〔註19〕，下去孝宗之末（1189）五十餘年，潛自不得見本中而和其詩。故提要論此篇云：「則捃摭殘賸，不免濫入他人之作。」其說是也。

亦有所敘人物時事在所題撰者之後而爲其不及見者。其例較多，茲併舉之。

如，舊傳王洙曾撰《杜工部集註》，然洙爲北宋人，而註中引及南宋人之書，其書至不足信。近人王國維論之云：「……如王原叔，仁宗時人，徵引新史，猶可說也；乃引沈存中《夢溪筆談》，豈不可笑？」〔註20〕則其書不傳，亦不足惜。

又如秦觀《淮海後集》卷上有〈悼王子開〉五首，然子開之卒，非少游所及見。陸游《老學菴筆記》云：「賀方回作王子開挽詞：『和璧終歸趙，干將不葬吳』者（在第五首），見於秦少游集中。子開大觀乙丑（三年，1109）卒於江陰，而返葬臨城，故方回此句爲工，時少游已沒十年矣。」（卷五）〔註21〕陸氏敘二人卒年及其事甚明，當不誤，則此五首非少游作。

再如舊題蘇過十卷本《斜川集》，其中所敘年號人事皆爲蘇過所不及見，《四庫全書總目提要》考其僞況云：「考晁說之所作蘇過墓誌，過卒於宣和五年（1123）。此集中所稱，乃嘉泰開禧（1201以後）諸年號，以及周必大姜堯章韓侂冑諸人，過何從見之？其中所指時事，亦皆在南渡以後，尤爲乖剌。案劉過《龍洲集》中所載之詩，與此盡同。蓋作僞者因二人同名爲過，而鈔出冒題爲《斜川集》，刊以漁利耳。」（卷一百七十四）今蘇劉二集眞本皆出（參見本文第四章第一節），足證僞本確出冒題。

另如蔡戡《定齋集》卷十七有〈代趙儀可挽劉叔丙〉一首，然戡爲高孝中人，趙儀可爲宋末人，時代不相及，戡似不得代作。《四庫全書考證》云：「案宋末趙儀可名文，著有《青山集》，與戡時代不相及。疑別一人同姓名者，或他人詩誤入戡集。」（卷八十二）所說當是。

又如熊禾《勿軒集》前有元許衡序，述禾之生平頗詳，然年代錯亂，事甚可疑。序中稱禾「晚年修《三禮通解》，將脫槀，竟以疾卒」，序末則署「大元至元十七年三月吉旦」（1280），然至元十七年禾猶健在也。考禾爲宋世遺老，入元不仕，卒於仁宗皇慶元年（1312）〔註22〕。以年計之，此序竟作於禾卒前三十二年而又能預知其卒！錯亂至此，其出依託也顯然。故四庫著錄其書而刪此序。

〔註19〕參見《宋史》卷三百七十六本傳、卷二十九高宗本紀六。

〔註20〕見《海寧王忠愨公遺書初集》《觀堂別集補遺》。

〔註21〕按：秦觀卒於元符二年（1099），較王子開早卒十一年。

〔註22〕說見《四庫提要》卷一百六十五《勿軒集》提要。

二、史實不合

　　其篇章所敘史實顯出假造，或與所題撰者不合，事非作者所親見，則其篇章亦當為他人所作。

　　其中有託言出於作者指授，而假造古事以註書者。

　　如舊傳《蘇註杜詩》，前有李戴序，託言生平有志註杜詩，適棄嶺表，遇東坡先生亦謫昌化，於疑誤領受東坡指授三千餘事，疏之編簡。宋胡仔嘗見其書，因據以考之云：「然三千餘事，余嘗考之史傳小說，殊不略見一事，寧盡出於異書耶？以此驗之，必好事者偽撰以誑世。所謂李戴者，蓋以詭名耳。」〔註23〕宋人舊籍亦多言其引事無據（詳本文第二章第二節）。則其所謂領東坡指授者，必無是事，其書亦出偽託。

　　亦有作者記時事而與史傳乖謬者。

　　如岳飛《岳武穆遺文》中有〈送紫巖張先生北伐〉一首，其來歷可疑，本章第一節已論之矣。又此篇詩題所記即與宋代史傳乖謬，《四庫提要辨證》論之云：「《金石萃編》卷一百四十八有岳飛〈送張紫巖詩〉，註云：『行書，在湯陰。』首行題〈紫巖張先生北伐〉，末書『紹興五年秋日，岳飛拜白』。王昶跋云：『……紫巖即張浚號，《宋史》〈高宗紀〉及〈張浚岳飛傳〉，紹興五年（1135）秋，皆無張浚北伐之事。是時浚方與趙鼎同官左右僕射；巨寇楊么據洞庭，浚請因盛夏乘其怠討之，具奏與岳飛同討楊么。湖寇盡平，浚遂奏遣岳飛屯荊襄以圖中原，並非北伐。……（此篇）似是明人偽託。』王氏之言，可謂覈矣。」（卷二十三）敘事與史傳相左如此，必非武穆自作。

　　又有作者敘時事與史實多不合者。

　　如舊題鄭思肖《心史》，其中敘事多與宋末元初史實不合。《四庫全書總目提要》論其所敘無據云：「如雜文卷中，於魏徵避仁宗諱作證，而李觀則不避高宗諱。又記蒲壽庚作蒲受耕。原本果思肖親書，不應錯漏至此。其載二王海上事，謂少保張世傑，奉祥興皇帝奔遁，或傳今駐軍離裏。衛王溺海，當時國史野乘，所記皆同，思肖尤不宜為此無稽之談。」（卷一百七十四）此與史不合者一也。又《大義略敘》云：「咸淳初，韃始僭號元；寶祐丙辰，韃始僭年號曰中統，次曰至元……。」劉兆祐考其誤云：「元世祖忽必烈中統元年為宋理宗景定元年，西元1260年，寶祐丙辰則為西元1256年，相隔四年。思肖生於理宗淳祐元年（1241），不應不熟悉當時事，竟然舛誤至此！」〔註24〕此與史不合者二也。故劉先生謂其「必是後人偽作，沒有

〔註23〕見《苕溪漁隱叢話》前集卷11。
〔註24〕見劉兆祐《〈心史〉的著者問題》。

詳考史事，遽然誤寫」（同上），是也。

亦有所記地域地名與作者之時代不合者。

如范仲淹《文正集》舊本有宋世北疆輿圖一幅，圖中疆域與仲淹之時不合。《四庫全書總目提要補正》引沈垚《落帆樓文集》〈與徐星伯書〉云：「圖中有綏德軍及御謀城，文正仕仁宗朝，其時綏州爲夏地，公但使种世衡城青澗而已。熙寧三年（1070），收復綏州，爲綏德城。元符二年（1099），始改爲軍，則去公薨久矣。……至御謀城之築，則在崇寧三年（1104）。……」（卷四十五）據年譜，仲淹卒於仁宗皇祐四年（1052），其下去熙寧三年已十九年，去元符二年已四十八年，去崇寧三年已五十三年，其圖自非仲淹所繪製。

又如岳珂《玉楮集》後有珂自跋一篇，跋中有「偶至海甯訪友」之語。海甯乃元代地名，珂何能於文中預及之？《拜經樓藏書題跋記》考之云：「海甯不知何地？考今海甯州，宋時鹽官縣，至元天曆二年（1239），始改海寧縣。惟歙之海陽縣，晉初嘗稱海甯縣，隋改休甯縣。是宋時亦未嘗有海甯縣。」（卷五）故吳氏疑係後人僞造此跋。事或有之矣。

復有跋中所稱官制諱字與跋者不合者。

如《二家宮詞》宋徽宗卷末有〈帝姬長公主跋〉一則，稱「命左昭儀孔禎同嬪御章安愷等收輯，類而成書」，《四庫全書總目提要》論其官制可疑云：「考蔡京改公主爲帝姬，各有封號。此既云帝姬，又云長公主，非當時之制。」（卷一百八十九）此官制不合也。又云：「又禎字爲仁宗廟諱，當時改文貞爲文正，改魏徵爲魏證；嫌名猶避之甚嚴，豈有宮中昭儀敢以此字爲名者？」（同上）此避諱不合也。有此二不合，故提要云其「殆出於依託」，所說是矣。

第五節　集中詞氣文理思想與所題撰者不類

宋集中若有其書之風格與所題撰者相去過遠，或有其篇章之詞氣、文理、思想與全書顯然不諧者，則其書似非出於一手，其事自是可疑。本節據此分詞氣不類、文理難通、思想情感不合三項述之。

一、詞氣不類

其書雜有詞氣鄙淺之作，是否即證其書爲僞，事頗難定，蓋即名家作手，亦不免偶有淺陋之作也。然若全書內容皆屬下乘，與所題撰者其他著作全不相類，則其爲僞作，當可斷言。

如舊傳《蘇註杜詩》，前有李歜序，稱受東坡指授者三千餘事，並稱引東坡之語以註之，因名之爲《老杜事實》。胡仔以其引語詞氣不類東坡，深致疑竇，並舉其文以證之云：「其間多載東坡語。如『草黃麒驥病』，則註云：『陳畯臥病，梁拘過門曰：「霜經草黃，麒驥病矣。駑駘何以快駛？」蓋言君子不得時，小人自肆也。少游一日來問余曰：「某細味杜詩，皆於古人語句，補綴爲詩，平穩妥貼，若神施鬼設。不知工部腹中，幾個國子監耶？」余喜此談，遂筆寄同叔（科按：子由一字同叔），使知少游留心於老杜。』。『意欲鑱疊嶂』，則註云：『袁盎曰：「諸侯欲鑱連雲疊嶂，而造物夫復如何！」余因舟中與兒子迨同註檢書，倦先臥。余繼燭至曉，遂疏之。』似此等語甚眾，聊舉其三言之，當亦是偽撰耳。」〔註25〕其意蓋以此等語詞氣甚鄙陋，不類東坡所言，故疑其偽也。朱翌亦譏此書引古人語詞氣不類，云：「古人語各不同，如三國時與西漢人語，西漢人與六朝人語，各有體格，今皆一律。」〔註26〕參以二家之說，即令無學者，亦不至此，況東坡乎！故諸家皆斷此書爲偽（參見本文第二章第二節）。

若其書中詩篇詞意截然可分兩類，則恐亦不免偽入。

如《三家宮詞》花蕊夫人卷有七言絕句一百首，《四庫全書總目提要》據《苕溪漁隱叢話》論之云：「宋熙寧五年（1072），王安國檢校官書，始得其手書於敝紙中，以語王安石，王安石以語王珪、馮京，始傳於世。」（卷一百八十九）然《叢話》引王平甫之言，云花蕊詩乃止三十二首，今傳反有百首者，必後世另行增入者。《叢話》云：「花蕊又別有逸詩六十六首，乃近世好事者旋加搜索續之。篇次無倫，語意與前詩相類者極少，誠爲亂眞矣。」（後集卷四十）意謂此六十六首皆非花蕊所作，故云「亂眞」也；而今傳世者乃合之爲百首，則其中眞品者少，可疑者反多矣。

若其書本雜偽作，且經證實，而其中又有詞氣鄙淺之作，則其爲贗品，當無可疑，蓋其書本即眞贗雜陳故也。

如舊題王十朋《蘇詩集註》，本章第二節已論其書偽作；又其書前有十朋序，文理拙謬，亦當屬偽作。

又如陸九淵《別本象山文集》，第一節已論其書來歷可疑；又書中年譜，載形家占其先墓之言，有「糊糊塗塗生一個大孔子」之語，則顯經不學者竄亂〔註27〕。

再如舊題幸元龍《松垣集》，本章第一節已論其書來歷可疑；而其遺文中亦類多

〔註25〕同註23。
〔註26〕詳見《猗覺寮雜記》卷上。
〔註27〕詳見《四庫提要》卷一百七十四《別本象山文集》提要。

鄙淺之作，則其書當屬僞託〔註28〕。

又如羅公升《羅滄洲集》，第三節已論其書中數篇與作者事蹟不符；又書中〈燕城〉、〈俗吏〉諸作，詞氣鄙俚，如出二手，必是竄入〔註29〕。

若其書序跋詞氣不類，則多屬託名，蓋序跋爲集外另作，易於僞託故也。

如黃庭堅《精華錄》前有任淵序，《四庫全書總目提要》謂其詞氣與朱承爵題詞「貌爲軋茁，如出一手」，必爲承爵託名所作（說見卷一百七十四）。

又如舊題葉夢得編《北山律式》，前有夢得序，《四庫全書總目提要》謂其「其文鄙淺，不似夢得他作」，序既屬託名，書亦出雜湊，一無足取（同上）。

再如楊萬里《誠齋先生文膾》，前有方逢辰序，詞意鄙淺，當亦託名爲之〔註30〕。

又如謝枋得《疊山集》原有〈蔡氏宗譜〉一首，末署至元二十五年，詞氣不類枋得，又與枋得不肯稱元年號之習不合，當屬誤入，故《四庫全書總目》著錄是書而刪去此篇（說見提要卷一百六十四）。

二、文理難通

其書有敘事非理、文詞難通之現象，則不類出於能文者之手；若全書如此，則其書必僞；若篇章如此，則篇章可疑。

其中有其書敘事非理者。

如舊題黃希旦《支離子集》，本章第一節已論其書來歷可疑。又其書前有小傳一篇，敘其死而復生，生而復逝之事，並言其仙去後爲九天彌羅眞人，掌上帝章奏；所記皆事涉荒誕，甚非情理，某書出於依託，當無可疑。

又如舊題幸元龍《松垣集》，本章第一節已論其書來歷可疑，第二節亦論其體製錯亂。又其書事蹟類中，載万俟卨子孫與岳飛家爭田，委問一十三州府縣不能決，理宗御批金牌敕賜諸侯劍皁纛旗袞龍筆架玳瑁硯委公裁斷。又稱「判畢奏聞，上大喜，賜緋魚袋一、象笏一、玉帶一、金帛百端、梅花金臺盞一副」〔註31〕，古來豈有是事？是直委巷之語矣，其爲依託無疑。

亦有其書非但敘事非理，且又文詞蹇澀難通者。

如舊題鄭思肖《心史》，前文已論其書來歷可疑、記事多有不合。又其中敘事亦有荒悖不合情理處，《隨園詩話》論書中《大義略敘》所敘事云：「《心史》所載元世祖剖割文天祥，食其心肝，又好食孕婦腹中小兒，語太荒悖。」（卷四）即是

〔註28〕同上註《松垣集》提要。
〔註29〕同註27《羅滄洲集》提要。
〔註30〕說見《鐵琴銅劍樓藏書目錄》卷二十一。
〔註31〕同註28。

其例。若其文詞，《四庫全書總目提要》謂其「蹇澀難通」，劉兆祐亦以爲其詩「但作憤慨語，了無韻味」。今考《心史》中敘事之詞，確多難通處，常令讀者生荒忽難解之感。如書中自記身世，一則云「舉世無人識，終年獨自行」（卷上《大義集》〈此心〉），又云「獨笑或獨哭，從人喚作顛」（卷上《中興甲集》〈遣興〉），似爲遺世獨立之隱逸矣；一則又云「我非辦得中興事，一點英靈死不消」（《中興甲集》〈春日偶成〉），云「期集大事」（卷上《中興乙集》〈自序〉），云「欲舉大事」（卷上《久久書》〈後臣子盟檄〉），云「俟我大事成」（《久久書》〈自序〉），又似以中興大宋爲己任者；此已顯矛盾。若云其宋亡之後方有舉事之想，故宋未亡前詩文不言及「大事」，然《大義》、《中興》二集亦作於宋亡之後也（參二集自序）；且其全書惟言「大事」二字，而無一字語及大事爲何等事、何人與此事、其事如何舉，讀竟全書，竟不知其大事爲何所指？此又嫌不通。此其難解者一也。又如書中自敘其父菊山翁教誨之語甚多，要皆忠孝之道，臣子之義；而卷上《久久書》〈自序〉云：「今悖父母所訓，委身汙雜，爲名教罪人。」不知所犯者何罪？又云：「始教我爲君子也，今小人矣。易形革面，蹢躅獸走；得罪天地，不齒人類。」不知曾爲何事而自責如此？此其難解者二也。再如其序作《久久書》之事，據其序，此書當爲自作；而據書後九跋之第一跋，則又其先夫子所授，語甚錯亂，讀之令人惶然不知所據。此其難解者三也。似此之類甚多，僅舉三例以概其餘。略論之，此書敘事類皆語甚堂皇，而略無實指，常令讀者不知所謂。《四庫全書總目提要》所謂「蹇澀難通」、「故爲眩亂其詞」者，或指此類歟？要之，其書當出偽託，以故脫略如此也。

又有其篇章敘事非理者。

如汪夢斗《北遊集》卷上有〈南園歌〉一首，爲吳潛竄循州而作，詩末附數語云：「履翁再相，力言姦邪誤國，理皇竟不能平。會江上肅清之報，徑達禁中，上遂罷潛相。明日乃以似道奏付外。」《四庫全書總目提要》論其所敘與當時情勢未合而疑其偽云：「考《宋史》，似道江上肅清之奏，在理宗景定元年（1260）三月乙酉之前。吳潛之罷，在是年四月己酉。若夢斗所言，是於四月己酉之明日，始以似道奏付外，則上距三月乙酉前將及一月。是時朝廷方以荊鄂爲奇功，乃捷書到禁中，一月始布於外，與情勢獨有未合。或其後人掇拾遺槀，不免以贗本竄入，未及致詳耶？」（卷一百六十五）所說當是。

三、思想情感不合

其書所表現之思想情感不合於所題撰者，則其書當屬偽作，或其篇章曾經竄改。

其中有學養不合者。

如《後山詩話》記太祖曾對南唐徐鉉誦〈秋月詩〉：「未離海底千山黑，纔到天中萬國明」二句，徐鉉驚服。然宋陳郁謂二句非太祖所作，乃國史潤色太祖〈詠初日〉詩之語，故二句所述與太祖學養大不相合，其說云：「藝祖微時日詩云：『欲出未出光辣撻，千山萬山如火發。須臾走向天上來，逐卻殘星趕卻月。』國史潤色之，乃云：『未離海嶠千山黑，纔到天心萬國明。』文氣卑弱，大不如原作辭志慷慨，規模遠大。」〔註32〕《後山詩話》本為偽書〔註33〕，其引偽詩自不足異。《宋詩紀事》據《庚溪詩話》錄〈詠初日〉詩，又據《後山詩話》錄所謂〈秋月〉二句，正為誤說所欺而採偽作矣。

亦有思想特色不合者。

如李覯《旴江集》（四十卷），其中多引《孟子》之語，其盛稱孟子者，多為明人左贊所竄亂，本文第三章第三節已論之矣。又其書表現之思想特色與孟子全然不同，亦可為覯不喜《孟子》之事添一佐證，且為其書曾經竄亂之事得一間接證據。考孟子之學以心性為根本，以仁義禮智為綱領，以倫常節文導民成德，以政法制度教民為善，故為儒家之學。若李覯之學雖以禮為人道世教之總則，云仁義智信皆禮之別名，云樂刑政為禮之支節（卷二「禮論第一」）；然其論禮過大而無當，不能得其實義，故又謂禮為「虛稱」，而以「法制之總名」實其義（參見「禮論第五」）；則其學雖名為儒，實則為根於法家而通經術者，故於粹然之儒家如孟子者必致批評之意，其不喜《孟子》，不稱《孟子》，理固宜然。左贊不知李覯不喜《孟子》之故在此，而必欲竄改其書以彌縫其跡，所見亦陋矣。

又有情感不合者。

如舊題鄭思肖《心史》，其《大義略敘》中多敘元人習俗事，近人姚從吾以是篇所敘與思肖情感不能一致而致疑竇，云：「最使我刺目的事實：鄭思肖那樣的痛恨此人（特別是北人中的蒙古人），他能寫《大義略敘》中後面的一大段（七十頁以下）敘述蒙古人住室、習俗生活麼？他知道蒙古人如何留頭髮、如何戴固姑冠、如何行禮嗎？他又是一位謹言慎行的人，能說出蒙哥汗和忽必烈汗的母親是漢人嗎？他懂得什麼是撒花、什麼是『結三搭髮辮』麼？他忍心造作謊言，說忽必烈曾剖割文丞相胸腹、食其心肝麼？」〔註34〕《心史》之可疑者多端，不惟此事。此書必屬偽作，已可斷言。

〔註32〕見《藏一話腴》。
〔註33〕說見《宋詩話考》上卷。
〔註34〕同註13。

　　按：由本章各節所述，已知《心史》爲偽書，然其作偽之人則頗難考訂。《四庫全書總目提要》（卷一百七十四）引清徐乾學《通鑑後編考異》，全祖望《鮚埼亭集》（外編卷三十四）引《閻百詩集》，皆以爲其書爲明姚士粦偽託，然近人余嘉錫《四庫提要辨證》（卷二十四）已辨此說爲不然。劉兆祐〈心史的著者問題〉據《心史》書前有明林古度序，記是書爲明承天寺僧達始所發現，書後又有明文從簡跋，稱達始或爲思肖後身轉世，所說神秘而啓人懷疑，因斷此書爲達始偽作，而託名鄭思肖，所說較可採信。

第六章　宋代僞撰別集之價值與影響

　　僞撰之宋集，如出於有意作僞，通常無重大價值；如係無心而致僞，則其書尚有二種功用可得而言：

一、可以保存舊註

　　如宋人喜言杜甫詩，然註杜詩者無善本，故集註杜詩者應運而生。就中《集千家註杜詩》一書，所採說杜詩者近百家，最爲繁富，雖編中所集諸家之註，眞贋錯雜，多爲後世所抨彈，然其保存舊註甚多，亦有相當益處，《四庫全書總目提要》論之云：「宋以來註杜諸家，鮮有專本傳世；遺文緒論，頗賴此書以存。其篳路藍縷之功，亦未可盡廢也。」（卷一百四十九）所說甚是。

　　又如蘇軾詩文，自宋代已多註家，就中《東坡詩集註》一書，本趙夔所作，前文第二章已辨之。宋時書肆以夔無重名，因借王十朋之名以梓行。《四庫全書總目提要》評論是書云：「（邵）長蘅摘其體例三失，而云中間援引詳明展卷瞭如者，僅僅及半。則疏漏者不過十之五，未可全廢。其於施註所闕十二卷，亦云參酌王註，徵引群書以補之，則未嘗不於此註取材。」（卷一百五十）則是書雖僞題註者之名以行世，其保存舊註之功亦不可沒矣。

二、可以保存逸篇

　　劉兆祐云：「宋代黨爭外患不息；黨爭，則多禁私史，甚或燬板；外患，則群書每多燬於兵燹。」〔註1〕宋代集部之書亦有此厄，亡佚者亦多，故僞撰宋集中誤入之篇章，無意中則有保存逸篇之功用。如林逋《和靖詩集》、王安石《臨川集》載〈王安國詩〉數篇，可備《王安國集》輯佚之資；又如蘇軾《東坡集》載〈關澣詩〉二

〔註1〕見《宋史藝文志史部佚籍考》自序。

首，可藉知關氏作詩確實「詩律精深妍妙，世守家法」〔註2〕；再如《東坡前集》、《淮海集》載〈題織錦圖上回文〉詩合計八首，雖非二公自作，然詩皆奇絕，自值傳世。其餘各集中所載偽篇，其原作者或本集亡佚、或原無本集傳世，其人詩文作品亦賴此方式而得存留之，其詳俱見本文第二章第三節輯目。即此言之，宋集之存偽篇，亦有相當之價值矣。

然偽撰之宋集，記事多不可信，故於後世多不良之影響，歸納言之，約有數端：

一、導致作者生平行實混淆

如舊題郭祥正《青山續集》七卷，其三卷至七卷本非祥正之作，本文第五章已辨之，而《四庫全書總目提要》乃據卷七〈熙寧口號〉五首以論郭氏之為人云：「惟史稱祥正以上書諛頌安石，反為安石所擠，坐是偃蹇以終。而續集內有〈熙寧口號〉五首，末云：『百姓命懸三尺法，千秋誰恤兩端情。近聞崇尚刑名學，陛下之心乃好生』云云，殊不似推薦安石者。《青山集》有〈奠王荊公墳〉三首，云：『大手曾將元鼎調，龍沈鶴去事寥寥。』又云：『平昔偏蒙愛小詩，如今吟就誰復知』云云，又不似見排於安石者，其是非自相矛盾。蓋述知己之感，所以自明依附之因；刺新法之非，所以隱報擯斥之憾。小人褊躁，忽合忽離，往往如是，不必以前後異詞疑也。」（卷一百五十四）清陸心源《儀顧堂題跋》甚不以提要之言為然，云：「荊公在當時，富鄭公、司馬溫公皆極推重，史稱祥正上書神宗，請專任荊公，未免意見之偏，不足為深罪。其罷歸也，徜徉泉石，賦詩自娛，人品亦不為不高，視呂惠卿、曾布之迎合躁進，有霄壤之別。其與荊公唱和，終始如一，和章附載集中。荊公之歿，過墓賦詩，推服尤至，不以炎涼易節，未可以文士薄之也。」近人胡玉縉《四庫全書總目提要補正》去：「陸說甚是，提要竟以為小人褊躁，忽合忽離，毋乃太過。」（卷四十六）諸家若知〈熙寧口號〉五首本為孔平仲之作，即無若是之紛擾矣。

又如蘇軾《東坡續集》卷一有〈雷州〉八首，本秦觀之作，續集卷二有〈僕年三十九在潤州道上過除夜作此詩又二十年在惠州錄之以付過〉二首，為關澥之作。宋王宗稷不知其偽，乃據以入所作《東坡先生年譜》，一繫六十二歲下，一繫三十九歲下，如此何能與東坡行實相合？

二、導致史實之淆亂

如舊傳《蘇註杜詩》，書中曾偽造古事三千餘則，假託東坡之名以註之，若遽信其說，則古事豈不因之而紛擾不堪？

〔註 2〕見《春渚紀聞》。

又如岳飛《岳武穆遺文》中有紹興五年（1135）〈送紫巖張先生北伐〉詩，實則其時張浚方掃洞庭寇，並非北伐，朝廷亦無北伐之事；若不知此詩非武穆之作，而信其言，豈非於史事無中生有？

再如舊題鄭思肖《心史》，集中記宋末事多與史實不合，甚至有記元初「中統」元年（1260）較實際早四年（1256）者；若以其書為可信，豈非淆亂史實，徒增困惑？

三、導致作者風格自相矛盾

如鄭獬《鄖溪集》中詩，皆「風格爽辣明白，不做作，不粧飾」〔註 3〕；而其中有七律四首〔註 4〕，堆砌雕琢，鑲金嵌玉，甚不類獬作。若不知此四篇本為王珪之作，則必以為同一人詩，而風格大相逕庭如此，豈不矛盾？

又如鄭思肖有《題畫詩》一卷、《錦錢集》一卷，《四庫全書簡明目錄》稱其風格云：「清風高節，迹接東籬，譬古柏蒼松，支離不中繩墨，終勝於桃李妖妍。」（卷十六）而《心史》中詩，劉兆祐謂其「但作憤慨語，了無韻味」〔註 5〕，與《題畫詩》、《錦錢集》全異。若不知《心史》一書本非思肖所作，則必以為同一人之書，而風格相去如是之遠，寧非可怪？

四、徒增學術之爭辯

如李覯《盱江集》不稱《孟子》，故宋人謂李覯不喜《孟子》，後人皆無異議。自明左贊重編《盱江集》，刪改竄亂其書，並增以《孟子》之文後，明楊慎乃據其書以論宋人之言為非，李來泰以下之序《盱江集》，亦同是論。至《四庫全書總目提要》斷其書曾經左贊竄亂，乃知楊李之辯蓋為偽作所欺。

又如《心史》一書，自出世以來，有信其為真者，如明顧炎武、清姚際恆，近人余嘉錫諸家；有疑其為偽者，如《四庫全書總目提要》、全祖望、袁枚、近人胡玉縉諸家；有謂其書有真有偽者，如近人姚從吾氏；聚訟紛紜，歷時三百餘年，猶未定論。至劉兆祐〈心史的著者問題〉一文，方據書中偽跡，斷其書為明僧達始所作。然其爭辯，亦可謂繁矣。

五、古本有偽影響作品真偽之認定

宋集之古刻若雜偽篇，後世刻本常踵襲其謬，甚至真偽不可復辨。如《東坡集》自宋世即有多種刻本，且各本多雜偽篇（詳本文第四章）；今《東坡續集》中偽作達

〔註 3〕參見錢鍾書《宋詩選註》〈鄭獬詩註〉。
〔註 4〕其篇目見本文第二章第三節。
〔註 5〕同註 24。

二十餘篇，實皆承襲古本之僞而來。然自宋以來，論《東坡集》之僞誤者甚多，故其僞作尚可考知。若如《花蕊夫人詩》，原僅三十二首，而今見者竟達百首；或如尹焞《和靖集》中有關朝廷者多門人代作；今則皆已不能辨其眞僞，是皆古本先已雜入僞篇有以致之也。

六、板本作僞影響刊刻時代之認定

板本作僞，本爲欺人，故即使藏書家亦不免受欺。清葉德輝《書林清話》（卷四），〈廣勤堂刻萬寶詩山〉條，載明代書賈刻《萬寶詩山》，僞爲宋式，清代藏書家錢謙益、王聞遠、陸心源諸氏皆謂爲宋本。此鑒賞家亦不免錯認板本時代之例也。

葉書又於卷十〈天祿琳瑯宋元刻本之僞〉條，載《天祿後目》誤以後世刻本充宋板者五種，葉氏考其中宋集一種，並論板本作僞之容易欺人云：「增刊校正《王狀元集註分類東坡先生詩》二十五卷，姓氏後有篆書條記『建安虞平齋務本書坊刊』。此爲元刻本，虞氏所刻他書有年號者可證。然則秘閣之藏，鑑賞尚不可據如此，則其他藏書家見聞淺陋，其爲書估所騙者，正不知有幾人也。」所說甚是。

清章學誠《文史通義》嘗論僞書之害云：「以己之所僞托古人者，奸利爲甚，而好事者次之。好事則罪盡於一身，奸利則效尤而蔽風俗矣。」〔註6〕僞撰宋集對於後世之影響或不至於如此，然其利少弊多，已如上述，故當爲考辨而檢汰之也。

〔註6〕卷二「言公」中。

重要參考書目

1. 《孟子》七卷，周孟軻撰，臺北藝文印書館景印吳縣吳志忠校刊《四書集註》本。

2. 《大學章句》一卷，宋朱熹撰，同前《四書集註》本。

3. 《康熙字典》，清聖祖御定，高樹藩重修，臺北啓業書局排印本。

4. 《宋史》四百九十四卷，元托托等奉敕撰，臺北鼎文書局排印本。

5. 《金陀粹編》二十八卷續編三十卷，宋岳珂撰，《四庫全書》本。

6. 《朱子年譜》四卷，清王懋竑撰，叢書集成初編本。

7. 《宋元學案》一百卷，明黃宗羲撰、清全祖望續修、清王梓材校補，臺北河洛圖書出版社景印本。

8. 《宋人傳記資料索引》，王德毅撰，鼎文書局排印本。

9. 《中吳紀聞》六卷，宋龔明之撰，《知不足齋叢書》本。

10. 《歷代輿地沿革圖》，清楊守敬撰，臺北聯經出版社景印本。

11. 《郡齋讀書志》二十卷，宋晁公武撰，臺北廣文書局景印清王先謙校刊本。

12. 《直齋書錄解題》二十二卷，宋陳振孫撰，廣文書局景印清武英殿輯《永樂大典》本。

13. 《宋史‧藝文志》八卷，元托托撰，臺北世界書局排印本。

14. 《文獻通考》三百四十八卷，元馬端臨撰，明嘉靖三年司禮監刊本。

15. 《經義考》三百卷，清朱彝尊撰，臺北中華書局據楊氏刻本校印本。

16. 《欽定天祿琳瑯書目》十卷後編二十卷，清于敏中、彭元瑞等編，廣文書局景印清光緒中長沙王氏合刊本。

17. 《四庫全書總目提要》二百卷，清永瑢等撰，臺北商務印書館排印本。

18. 《四庫全書考證》一百卷，清王太岳等撰，鼎文書局排印本。

19. 《四庫未收書目提要》五卷，清阮元撰，商務印書館排印本。

20. 《四庫全書總目提要補正》六十卷，胡玉縉撰，臺北木鐸出版社排印本。

21. 《四庫提要辨證》二十四卷，余嘉錫撰，藝文印書館排印本。

22. 《皕宋樓藏書志》一百二十卷，清陸心源撰，廣文書局景印十萬卷樓刊本。

23. 《郘亭知見傳本書目》十六卷，清莫友芝撰，廣文書局景印莫氏原本。

24. 《善本書室藏書志》四十卷，清丁丙撰，廣文書局景印清光緒末年原刊本。

25. 《鐵琴銅劍樓藏書目錄》二十四卷，清瞿鏞撰，廣文書局景印原刊本。

26. 《蕘圃藏書題識》十卷，清黃丕烈撰、繆荃蓀等輯，廣文書局景印民國八年刊本。

27. 《儀顧堂題跋》十六卷續跋十六卷，清陸心源撰，廣文書局景印十萬卷樓刊本。

28. 《拜經樓藏書題跋記》五卷，清吳壽暘撰，臺北成文出版社景印清道光二十七年刊本。

29. 《點勘記》二卷，清歐陽泉撰，成文出版社景印本。

30. 《曝書雜記》三卷，清錢泰吉撰，廣文書局景印清道光間刊本。

31. 《楹書隅錄》五卷，清楊紹和撰，廣文書局景印原刊本。

32. 《宋元舊本書經眼錄》三卷附錄三卷，清莫友芝撰，廣文書局景印原刊本。

33. 《持靜齋藏書紀要》二卷，清莫友芝撰，成文出版社景印清同治六年蘇州文學山房刻本。

34. 《廉石居藏書記內外編》二卷，清孫星衍撰，廣文書局景印清光緒九年癸未至十二年丙戌德化李氏刊本。

35. 《書林清話》十卷，清葉德輝撰，臺北世界書局排印本。

36. 《藝風藏書記》八卷續記八卷，繆荃蓀撰，廣文書局景印原刊本。

37. 《藏園羣書題識》八卷續集八卷，傅增湘撰，廣文書局景印民國廿七年排印本。

38. 《海日樓題跋》三卷，沈曾植撰，民國五十一年成文出版社排印本。

39. 《善本書所見錄》四卷，羅振常撰，成文出版社排印本。

40. 《著硯樓書跋》，潘景鄭撰，成文出版社排印本。

41. 《目錄學叢考》，程會昌撰，成文出版社排印本。

42. 《僞書通考》，張心澂編，臺北宏業書局排印本。

43. 《續僞書通考》，鄭良樹編，臺北學生書局排印本。

44. 《圖書板本學要略》，屈萬里、昌彼得合撰，臺北華岡出版社排印本。

45. 《版本目錄學論叢》，昌彼得撰，臺北學海出版社排印本。

46. 《晁公武及其郡齋讀書志》，劉兆祐撰，嘉新水泥論文。

47. 《宋史藝文志史部佚籍考》，劉兆祐撰，作者自印。

48. 《文史通義》，清章學誠撰，盤庚出版社排印本。

49. 《省心雜言》一卷，宋李邦獻撰，《學海類編》本。

50. 《朱子語類》一百四十卷，宋朱熹撰，正中書局景印明成化九年江西蕃司覆刊

宋咸淳六年黎靖德刊本。

51. 《宣和書譜》二十卷，不著撰人名氏，《津逮秘書》本。

52. 《猗覺察雜記》二卷，宋朱翌撰，舊鈔本。

53. 《能改齋漫錄》十八卷，宋吳曾撰，廣文書局《筆記三編》景印本。

54. 《西溪叢語》三卷，宋姚寬撰，《學津討原》本。

55. 《容齋隨筆》十六卷續筆十六卷三筆十六卷四筆十六卷五筆十卷，宋洪邁撰，臺北商務印書館排印本。

56. 《晦菴題跋》三卷，宋朱熹撰，《津逮秘書》本。

57. 《賓退錄》十卷，宋趙與峕撰，《學海類編》本。

58. 《困學紀聞》二十卷，宋王應麟撰，臺北商務印書館排印本。

59. 《愛日齋叢鈔》五卷，不著撰人名氏，鈔本。

60. 《義門讀書記》，清何焯撰，《四庫全書》本。

61. 《仇池筆記》二卷，舊題宋蘇軾撰，《說郛》弓二十八。

62. 《晁氏客語》一卷，宋晁說之撰，《百川學海內集》之一。

63. 《冷齋夜話》十卷，宋釋惠洪撰，《學津討原》本。

64. 《曲洧舊聞》十卷，宋朱弁撰，《四庫全書》本。

65. 《春渚紀聞》十卷，宋何薳撰，《學津討原》本。

66. 《避暑錄話》二卷，宋葉夢得撰，《津逮秘書》本。

67. 《墨莊漫錄》十卷，宋張邦基撰，《稗海》本。

68. 《梁溪漫志》十卷，宋費袞撰，《知不足齋叢書》本。

69. 《老學菴筆記》十卷，宋陸游撰，世界書局排印本。

70. 《藏一話腴》一卷，宋陳郁撰，《津逮秘書》本。

71. 《齊東野語》二十卷，宋周密撰，《津逮秘書》本。

72. 《庶齋老學叢談》三卷，元盛如梓撰，《知不足齋叢書》本。

73. 《研北雜志》二卷，元陸友撰，《寶顏堂秘笈》本。

74. 《遵生八箋》十九卷，明高濂撰，《四庫全書》本。

75. 《說郛》一百卷，明陶宗儀編，臺北商務印書館景印涵芬樓藏板。

76. 《居易錄》三十四卷，清王士禎撰，《四庫全書》本。

77. 《捫蝨新話》上集四卷下集四卷，宋陳善撰，《儒學警悟》本。

78. 《澠水燕談錄》十卷，舊題宋王闢之撰，《稗海》本。

79. 《湘山野錄》三卷續錄一卷，宋釋文瑩撰，《津逮秘書》本。

80. 《侯鯖錄》八卷，宋趙令畤撰，《知不足齋叢書》本。

81. 《玉照新志》六卷，宋王明清撰，《寶顏堂秘笈》本。

82. 《投轄錄》一卷，宋王明清撰，《說郛》弓二十七之一。

83. 《清波雜志》十二卷別志三卷，宋周煇撰，明刊《說海彙編》本。

84. 《獨醒雜志》十卷，宋曾敏行撰，《知不足齋叢書》本。

85. 《耆舊續聞》十卷，舊題宋陳鵠撰，《四庫全書》本。

86. 《遂昌雜錄》一卷，元鄭元祐撰，《說郛》弓十七之一。

87. 《癸辛雜識》前集一卷後集一卷續集二卷別集二卷，宋周密撰，《學津討原》本。

88. 《輟耕錄》三十卷，明陶宗儀撰，《津逮秘書》本。

89. 《十駕齋養新錄》二十卷，清錢大昕撰，廣文書局景印本。

90. 《中國歷史研究法》，梁啓超撰，中華書局排印本。

91. 《古書眞偽及其年代》，梁啓超撰，中華書局排印本。

92. 《書傭論學集》，屈萬里撰，開明書店排印本。

93. 《中國詩學》，黃永武撰，臺北巨流圖書公司排印本。

94. 《李太白全集》三十卷，清王琦輯註，臺北河洛圖書出版社景印本。

95. 《趙匡胤集》一卷，宋趙匡胤撰，宋元詩會一（《四庫全書珍本》十集，下同）。

96. 《潘閬集》一卷，宋潘閬撰，宋元詩會一。

97. 《鄭文寶集》一卷，宋鄭文寶撰，宋元詩會二。

98. 《陳彭年集》一卷，宋陳彭年撰，宋元詩會五。

99. 《東觀集》十集，宋魏野撰，《四庫全書珍本》七集。

100. 《和靖詩集》四卷，宋林逋撰，中華書局《四部備要》本。

101. 《文莊集》三十六卷，宋夏竦撰，《四庫全書珍本》初集。

102. 《文正集》二十卷別集四卷補遺五卷，宋范仲淹撰，《四庫全書珍本》五集。

103. 《春卿遺稾》一卷，宋蔣堂撰，明蔣鑛輯，《四庫全書珍本》九集。

104. 《姚嗣宗集》一卷，宋姚嗣宗撰，宋元詩會八。

105. 《蘿軒外集》一卷，宋楊備撰，兩宋名賢小集（《四庫全書》本，下同）。

106. 《廣陵集》三十卷拾遺一卷，宋王令撰，《四庫全書珍本》七集。

107. 《直講李先生文集》三十七卷外集三卷附直講李先生年譜一卷門人錄一卷，宋李覯撰，《四部叢刊》據明本景印。

108. 《宛陵先生集》六十卷拾遺一卷，宋梅堯臣撰，《四部叢刊》據明本景印。

109. 《嘉祐集》十五卷，宋蘇洵撰，《四部叢刊》據景宋鈔本景印。

110. 《蔡忠惠集》三十六卷，宋蔡襄撰，《四庫全書》本。

111. 《公是集》五十四卷，宋劉敞撰，《四庫全書珍本》別輯。

112. 《郳溪集》三十卷，宋鄭獬撰，《四庫全書珍本》三集。

113. 《歐陽文忠公集》一百五十三卷，宋歐陽修撰，《四部叢刊》據元本景印。

114. 《周元公集》九卷，宋周敦頤撰，《四庫全書》本。

115. 《王安國集》一卷，宋王安國撰，宋元詩會二十八。

116. 《伊川擊壤集》二十卷《集外詩》一卷，宋邵雍撰，《四部叢刊》據明成化間刊本宋人集。

117. 《南豐先生元豐類稿》五十卷，宋曾鞏撰，《四部叢刊》據元本景印。

118. 《元豐類稿》五十卷，宋曾鞏撰，明成化六年楊參南豐刊本。

119. 《曾南豐全集》五十三卷，宋曾鞏撰，清康熙間長洲顧崧齡刊本。

120. 《青山集》三十卷續集七卷，宋郭祥正撰，《四庫全書珍本》二集。

121. 《洛陽九老祖龍學文集》十六卷，宋祖無擇撰，《四庫全書珍本》五集。

122. 《溫國文正公集》八十卷，宋司馬光撰，《四部叢刊》據宋紹興三年本景印。

123. 《臨川先生文集》一百卷，宋王安石撰，《四部叢刊》據明嘉靖撫州本景印。

124. 《王荊文公詩註》五十卷，宋李壁註、劉辰翁評點，《四庫全書》本。

125. 《彭城集》四十卷，宋劉攽撰，《四庫全書珍本》別輯。

126. 《支離子集》六卷，舊題宋黃希旦撰，《宋人小集》本。

127. 《崔鷗集》一卷，宋崔鷗撰，宋元詩會三十三。

128. 《晁詠之集》一卷，宋晁詠之撰，《宋藝圃集》十一（《四庫全書》本，下同）。

129. 《淮海集》十七卷《後集》二卷《補遺》一卷《續補遺》一卷《考證》一卷，宋秦觀撰、清道光十七年王寬甫重刊，臺灣中華書局《四部備要》本。

130. 《後山集》二十四卷，宋陳師道撰，中華書局《四部備要》據趙刻本校刊景印。

131. 《東坡全集》一百十五卷年譜一卷，宋蘇軾撰，《四庫全書》本，河洛圖書出版社排印本。

132. 《增刊校正王狀元集諸家註分類東坡先生詩集》二十五卷，舊題宋王十朋集註、劉辰翁批點，《四部叢刊》據宋務本堂本景印。

133. 《施註蘇詩》四十二卷《附年譜》一卷《傳》一卷《補遺》二卷《王註正訛》一卷，宋施元之註，清邵長蘅、李必恒補註，《王註正訛》，清邵長蘅撰，《補遺》，清馮景撰，《年譜》，宋王宗稷撰，《四庫全書》本。

134. 《補註東坡編年詩》五十卷，清查慎行撰，《四庫全書》本。

135. 《經進東坡文集事略》六十卷，宋郎曄撰，《四部叢刊》據宋本景印。

136. 《畫墁集》八卷補遺一卷，宋張舜民撰，《知不足齋叢書》本。

137. 《節孝先生文集》三十卷，宋徐積撰，清康熙間覆宋刊本。

138. 《蔣之奇集》一卷，宋蔣之奇撰，本宋元詩會十一。

139. 《山谷內集詩註》二十卷《外集詩註》十七卷《別集詩註》二卷，宋黃庭堅撰、宋任淵史容史溫註，世界書局排印本。

140. 《豫章黃先生文集》三十卷，宋黃庭堅撰，《四部叢刊》據宋本景印。

141. 《黃太史精華錄》八卷，舊題宋任淵選，明初葉朱君美寫刊巾箱本。

142. 《寶晉英光集》八卷補遺一卷，宋米芾撰，《叢書集成》本。

143. 《濟南集》八卷，宋李廌撰，《四庫全書珍本》別輯。

144. 《雲溪居士集》三十卷，宋華鎮撰，《四庫全書珍本》初集。

145. 《張右史文集》六十卷，宋張耒撰，《四部叢刊》據舊鈔本景印。

146. 《劉左史文集》四卷，宋劉安節撰，《四庫全書珍本》六集。

147. 《唐子西集》二十四卷，宋唐庚撰，《四庫全書珍本》六集。

148. 《西臺集》二十卷，宋畢仲游撰，《四庫全書珍本》別輯。

149. 《游廌山集》四卷，宋游酢撰，《四庫全書珍本》四集。

150. 《斜川集》六卷附錄二卷訂誤一卷，宋蘇過撰，《知不足齋叢書》本，中華書局景印本。

151. 《慶湖遺老集》九卷，宋賀鑄撰，《四庫全書珍本》八集。

152. 《樂靜集》三十卷，宋李昭玘撰，《四庫全書珍本》初集。

153. 《姑溪居士文集》五十卷後集二十卷，宋李之儀撰，《叢書集成》本。

154. 《橫塘集》二十卷，宋許景衡撰，《四庫全書珍本》別輯。

155. 《宋徽宗宮詞》一卷，宋趙佶撰，《詩詞雜俎》本，《二家宮詞》本。

156. 《忠惠集》十卷附錄一卷，宋翟汝文撰，《四庫全書珍本》初集。

157. 《岳武穆遺文》一卷，宋岳飛撰，《四庫全書》本。

158. 《和靖集》八卷，宋尹焞撰，《四庫全書》本。

159. 《韋齋集》十三卷附《玉瀾集》，宋朱松撰，《四部叢刊》據鐵琴銅劍樓藏明刊本景印。

160. 《新註朱淑真斷腸詩集》十卷後集八卷，宋鄭元佐註，明初刊黑口十行本。

161. 《香溪集》二十二卷，宋范浚撰，《叢書集成》本，《四庫全書》本。

162. 《筠溪集》二十四卷，宋李彌遜撰，《四庫全書珍本》初集。

163. 《浮溪集》三十二卷附拾遺三卷，宋汪藻撰，《叢書集成》本。

164. 《北山文集》三十卷末一卷，宋鄭剛中撰，《金華叢書》本。

165. 《太倉稊米集》七十卷，宋周紫芝撰，《四庫全書珍本》二集。

166. 《李延平先生文集》四卷，宋李侗撰，《正誼堂全書》本。

167. 《海陵集》二十三卷外集一卷，宋周麟之撰，《四庫全書珍本》七集。

168. 《鴻慶居士集》四十二卷，宋孫覿撰，《四庫全書》本。

169. 《于湖居士文集》四十卷，宋張孝祥撰，《四部叢刊》據宋本景印。

170. 《宮教集》十二卷，宋崔敦禮撰，《四庫全書珍本》三集。

171. 《東萊集》四十卷，宋呂祖謙撰，《四庫全書》本。

172. 《崔舍人玉堂類稾》二十卷，宋崔敦詩撰，《叢書集成》本。

173. 《省齋集》十卷附錄一卷，宋廖行之撰，《四庫全書珍本》初集。

174. 《象山先生全集》三十六卷，宋陸九淵撰，《四部叢刊》據明本景印。

175. 《定齋集》二十卷，宋蔡戡撰，《四庫全書珍本》別輯。

176. 《晦庵先生朱文公集》一百卷續集十一卷別集十卷，宋朱熹撰，《四部叢刊》據明本景印。

177. 《野處類稾》二卷，舊題宋洪邁撰，舊鈔本。

178. 《郴江百詠》一卷《輯補》一卷，宋阮閱撰，《四庫全書珍本》八集。

179. 《批點分類誠齋先生文膾前集》十二卷《後集》十二卷，宋楊萬里撰、存誠氏編，杭州翁文溪刊本。

180. 《燭湖集》二十卷附編二卷，宋孫應時撰，《四庫全書珍本》四集。

181. 《陸放翁全集》一百六十五卷，宋陸游撰，世界書局排印本。

182. 《放翁詩選》前集十卷後集八卷別集一卷，宋羅椅、劉辰翁、劉景寅選，《四庫全書》本。

183. 《雙峰猥稾》九卷，宋舒邦佐撰，清咸豐八年刊本。

184. 《勉齋先生黃文肅公文集》四十卷，宋黃榦撰，清南昌彭氏知聖道齋鈔本。

185. 《水心先生文集》二十九卷，宋葉適撰，《四部叢刊》據明正統十三年本景印。

186. 《玉楮集》八卷，宋岳珂撰，《四庫全書珍本》十集。

187. 《棠湖詩》一卷，宋岳珂撰，《叢書集成》本。

188. 《漫塘劉先生文集》二十二卷，宋劉宰撰，明活字本。

189. 《履齋遺集》四卷，宋吳潛撰，《四庫全書珍本》二集。

190. 《後村先生大全集》一百九十六卷，宋劉克莊撰，《四部叢刊》據賜硯堂鈔本景印。

191. 《自堂存稾》四卷，宋陳杰撰，《四庫全書》本。

192. 《冷然齋詩集》八卷，宋蘇泂撰，《四庫全書珍本》初集。

193. 《雪溪集》五卷，宋王銍撰，《四庫全書珍本》四集。

194. 《寒松閣集》三卷，宋詹初撰，《四庫全書珍本》六集。

195. 《三餘集》四卷，宋黃彥平撰，《四庫全書》本。

196. 《滄洲詩集》五卷，宋羅公升撰，宋人小集（舊鈔本）。

197. 《文信公集杜詩》四卷，宋文天祥撰，《四庫全書珍本》八集。

198. 《心泉學詩稾》六卷，宋蒲壽宬撰，《四庫全書珍本》初集。

199. 《疊山集》十六卷，宋謝枋得撰《四部叢刊廣編》據鐵琴銅劍樓藏明刊本景印。

200. 《在軒集》一卷，宋黃公紹撰，《四庫全書珍本》初集。

201. 《北遊集》一卷，宋汪夢斗撰，《四庫全書珍本》七集。

202. 《林霽山集》五卷，宋林景熙撰，《四庫全書珍本》五集。

203. 《勿軒集》八卷，宋熊禾撰，《四庫全書》本。
204. 《鐵函心史》二卷，舊題宋鄭思肖撰，世界書局景印本。
205. 《存雅堂遺稿五卷》，宋方鳳撰，《四庫全書》本。
206. 《楊升庵文集》八十一卷，明楊慎撰，明萬曆十四年張士佩刊本。
207. 《儀顧堂集》二十卷，清陸心源撰，臺北臺聯國風出版社景印本。
208. 《王觀堂先生全集》，清王國維撰，文華出版社排印本。
209. 《全唐詩》九百卷，清聖祖御定，臺北文史哲出版社排印本。
210. 《宋文鑑》一百五十卷，宋呂祖謙編，世界書局景印本。
211. 《宋詩鈔》，（清）吳之振選，世界書局景印本。
212. 《宋詩選註》，錢鍾書撰，木鐸出版社排印本。
213. 《唐宋詩舉要》八卷，高步瀛編，學海出版社排印本。
214. 《清江三孔集》四十卷，宋孔文仲、孔武仲、孔平仲撰，《四庫全書珍本》六集。
215. 《三家宮詞》三卷，唐王建、蜀花蕊夫人、宋王珪撰，《四庫全書》本。
216. 《二家宮詞》二卷，宋徽宗、寧宗楊皇后撰，《詩詞雜俎》本。
217. 《宋詩話輯佚》（參考七種），郭紹虞輯，臺北華正書局排印本。
     《王直方詩話》，宋王直方撰。
     《古今詩話》，宋李頎撰。
     《西清詩話》，宋蔡絛撰。
     《潘子眞詩話》，宋潘淳撰。
     《桐江詩話》，佚名。
     《蔡寬夫詩話》，宋蔡啟撰。
     《洪駒父詩話》，宋洪芻撰。
218. 《歷代詩話》（參考八種），清何文煥編，木鐸出版社排印本。
     《後山詩話》，舊題宋陳師道撰。
     《臨漢隱居詩話》，宋魏泰撰。
     《竹坡詩話》，宋周紫芝撰。
     《彥周詩話》，宋許顗撰。
     《石林詩話》，宋葉夢得撰。
     《韻語陽秋》，宋葛立方撰。
     《滄浪詩話》，宋嚴羽撰。
     《藝圃擷餘》，明王世懋撰。
219. 《歷代詩話續編》（參考三種），清丁福保編，藝文印書館排印本。

《觀林詩話》，宋吳聿撰。

《庚溪詩話》，宋陳巖肖撰。

《優古堂詩話》，宋吳开撰。

220. 《古今詩話叢編》（參考四種），廣文書局編輯景印本。

《容齋詩話》，宋洪邁撰。

《後村詩話》，宋劉克莊撰。

《吳氏詩話》，宋吳子良撰。

《隨園詩話》，清袁枚撰。

221. 《古今詩話續編》（參考四種），廣文書局編輯景印本。

《詩話總龜》，宋阮閱撰。

《風月堂詩話》，宋朱弁撰。

《西清詩話》，宋無爲子撰。

《拜經樓詩話續編》，清吳騫撰。

222. 《百種詩話類編》，臺靜農編，藝文印書館排印本。

223. 《宋詩紀事》一百卷，清厲鶚輯，中華書局景印本。

224. 《宋詩紀事補遺》一百卷，清陸心源輯，中華書局景印本。

225. 《詩人玉屑》二十卷，宋魏慶之撰，世界書局排印本。

226. 《苕溪漁隱叢話》一百卷，宋胡仔撰，《海山仙館叢書》本。

227. 《荊溪林下偶談》四卷，宋吳子良撰，《寶顏堂秘笈》本。

228. 《竹莊詩話》三十四卷，宋何谿汶撰，《四庫全書》本。

229. 《拜經樓詩話》五卷，清吳騫撰，藝文印書館景印《清詩話》本。

230. 《雪橋詩話》四十卷，楊鍾義撰，鼎文書局景印本。

231. 《宋詩話考》三卷，郭紹虞撰，學海出版社排印本。

232. 《談藝錄》，錢鍾書撰，明倫出版社排印本。

233. 《朱淑眞的籍貫和生年考》，潘壽康撰，《大陸雜誌》三十五卷一期。

234. 《心史的著者問題》，劉兆祐撰，《書目季刊》三卷四期。

235. 《鄭思肖與「鐵函心史」關係的推測》，姚從吾撰，《慶祝蔣慰堂先生七十榮慶論文集》。